그래서 노르딕워킹 합니다

그래서 노르딕워킹 합니다

초 판 1 쇄 2024년 12월 05일

지 은 이	박평문
펴 낸 이	양지영
펴 낸 곳	브레이커(Breaker)
일러스트	김중균, 한예나
디 자 인	픽시

등 록	2019-000025호(2019년 9월 4일)
주 소	대전 유성구 전민동 엑스포로 448 304동 503호
전 화	010-3405-0255
이 메 일	breakerbook@naver.com

ISBN 979-11-971863-2-5
이 도서의 국립중앙도서관 출판사도서목록(CIP)은 e-CIP홈페이지(http://www.nl.go.kr/ecip)와 국가자료목록시스템(http://www.nl.go.kr/kolisnet)에서 이용하실 수 있습니다.

이 책의 내용에 대한 재사용은 저작권자와 브레이커의 서면 동의를 받아야만 가능합니다.
잘못 만들어진 도서는 구입한 곳에서 교환이 가능합니다.

그래서 노르딕워킹 합니다

박평문 지음

BREAKER

본 도서는 노르딕워킹 폴(러프필드)을 제작 판매하는 ㈜J&F의 창작자금을
지원받아 제작되었습니다.

지금 안 걸으면
나중에는 못 걸어요

추천사

하늘이 유일하게 우리 인간에게만 내려준 두 가지 선물이 있다. 하나는 두 발로 서서 걸을 수 있는 직립보행 능력이요, 또 하나는 근심·걱정을 스스로 치유할 수 있는 웃음 능력을 받은 것이다.

최근 3대 만성질환(고혈압, 당뇨병, 고지혈증)과 치매 등으로 많은 환자와 가족들이 고통 속에 살고 있으며 건강한 삶을 향한 실질적인 예방 관리에 많은 관심이 높아지고 있는 시기에 맞춰 박평문 박사가 〈그래서 노르딕워킹 합니다〉라는 책을 발간하여 정말 기쁘고 기대가 크다.

저자는 다리뿐만 아니라 손과 팔을 이용한 상체 근력운동까지 확대하여 온몸을 사용하는 전신운동인 노르딕워킹에 대한 구체적인 내용을 소개하고 있다. 〈그래서 노르딕워킹 합니다〉는 시중의 다른 책들과 차별화된 내용이 몇 가지 보인다.

첫째, 노르딕워킹에 대한 전반적이고 구체적인 내용을 누구나 이해하기 쉽게 설명한다.
둘째, 인체해부학 구조와 운동생리학적 기능까지 설명하고 있어서 매우 입체적이다.
셋째, 20년간 보건소 현장에서 근무하며 직접 체험하고 느낀 문제점과 해결 방안 등을 제시한다.
넷째, 본인이 직접 스트레칭, 탄성밴드운동, 폴스트레칭을 시연하고 QR코드를 활용한 동영상을 제공하여 리얼감이 있어 활용도가 높다.

어르신들이 무리하지 않고 운동을 하기에 걷기만큼 좋은 것이 없다. 노르딕워킹은 폴을 이용하여 쉽게 넘어지지 않아 낙상 예방과 두뇌인지 강화로 치매를 예방 관리하며 전신운동으로 건강관리를 할 수 있어 금상첨화다.

저자는 오랜 공직 생활을 해오면서 주민과 건강에 대한 수많은 독창적인 프로젝트 시행 등 현장경험과 노하우를 이 책에 집대성했다는 점을 고려할 때 노르딕워킹을 가르치는 지도자는 물론 건강을 되찾고자 하는 모든 분에게 기본지침서로도 전혀 부족함이 없기에 적극 추천한다.

전)진천군보건소장, 현)한국생활웃음연구소장_김민기

독자 글

저자는 바른 자세를 강조한다. 바른 자세가 되어야 바르게 서기와 바르게 걷기가 되고 궁극적으로 바른 몸이 됨을 이야기한다. 산림치유지도사로서 현장에서 대상자들을 만나 건강증진에 도움이 되는 몸의 움직임을 이야기 할 때가 많다. 〈그래서 노르딕워킹 합니다〉는 건강한 몸의 움직임은 어떤 것이고 어떻게 해야 하는지를 자세하게 알려준다. 또한 노르딕워킹의 역사에서부터 활용 방법까지 이야기하고 있다. 특히 생애주기별로 청소년기, 중장년기, 노년기 등의 특성을 설명한 부분은 정말 공감이 간다. 운동처방 현장에서 풍부한 실전 경험과 보건학과 체육학을 전공한 탄탄한 지식을 바탕으로 한 제4장의 경우, 우리 몸의 각 신체 부위별 근육 강화 운동에 대해 자세히 소개되어 있어 정말 유용한 부분이다.

진주숲이야기 대표/1급산림치유지도사_박성서

〈그래서 노르딕워킹 합니다〉 라는 제목에서 알 수 있듯이 노르딕워킹은 결론이다. 왜 노르딕워킹이어야 하는가에 대한 많은 이유를 근본적인 원리로부터 접근해서 체계적으로 잘 정리했다. 〈그래서 노르딕워킹 합니다〉는 고령사회에서 살아가야만 하는 우리에게 매우 유익한 내용이 가득해서 필독서로도 손색이 없다. 한때 노르딕워킹에 관심갖고 관련 서적을 열심히 찾아본 적이 있었다. 그런데 관련 책이 없어서 많이 실망 했었다. 그런데 이제는 이렇게 제목에서부터 '노르딕워킹' 이라는 글자를 볼 수 있는 책을 만나게 되니 가뭄에 단비를 만난 것처럼 그 반가움이 넘친다.

시니어노르딕워킹전담강사_이호정

이런 것을 운명이라고 하나요? 몇 해 전부터 우리 지역주민의 건강증진을 위한 임상 운동교실에서 늘 해오던 것이 노르딕워킹이다. 어르신들은 노르딕워킹을 만난 것이 행운이라고 말씀 하신다. 노르딕워킹을 시작한 이후로 체력이 좋아지고 자신감이 높아졌다고 한다. 폴을 잘 사용하면 어느 순간 어른들의 장난감이 될 수도 있다. 폴은 준비 운동부터 정리 운동까지 항상 함께한다. 폴을 잡고 걷는 것만으로도 노인들의 치매와 우울증 예방에 효과를 볼 수 있다.

김해시보건소 운동처방사_김종욱

우리는 100세 시대를 맞이했고 150세 시대를 준비해야 할 전환점에 서 있다. 나이가 들어간다는 것은 살아온 시간만큼 몸을 오래 사용했다는 뜻이다. 평소에 자기 몸을 소중히 다루었다고 할지라도 각종 스트레스, 급작스러운 사고, 기저 질환 등으로 본의 아니게 건강에 위협을 받을 수 있다.

건강은 건강할 때 지키는 것이다. 누구나 자신만의 방법으로 건강을 위해 노력한다. 노르딕워킹을 시작한 지 1년이 되었다. 지금까지 여러 가지 운동을 해 봤지만 나이가 들어가면서 노르딕워킹만큼 좋은 운동은 없다고 본다. 나의 경험에 비춰볼 때, 노르딕워킹을 한번 접하고 나면 덕후가 되는 것은 시간문제다.

〈그래서 노르딕워킹 합니다〉는 왜 걸어야 하는지, 걷기 교육이 왜 필요한지, 어떻게 걸어야 하는지에 대한 독자의 물음에 상세하게 귓속말하듯이 알려주고 있다.

이 책이 노르딕워킹관련 다른 책과 비교되는 점은 저자가 실제 경험에서 터득한 지도법을 자세하게 알려주고 있어서 걷기와 노르딕워킹 교실을 지도하는 강사들에게 가이드북으로서도 유용할 것 같다.

인생이라는 긴 여행길에서 우연히 만나는 예쁜 들꽃처럼 노르딕워킹을 만난 것은 큰 행운이었고 〈그래서 노르딕워킹 합니다〉를 읽은 것은 큰 기쁨이라 하겠다.

이화요양병원간호사_유세비가

건강을 생각할 나이라는 생각은 꽤 오래전이었지만 실천할 생각은 그다지 크지 않았다. 주변에 넘쳐나는 건강정보들로 주워담은 어지간한 지식들이 오히려 행동으로 옮기기를 주저하게 만든 것도 있지만 현실적인 실천 방법이라고 느껴지거나 절실한 마음이 우러나게 하는 경우가 거의 없었던 탓이기도 하다. 노르딕워킹을 알게 되었을 때에도 특별할 것 하나 없는 그렇고 그런 운동 중의 하나였다. 박평문 박사를 알게되기 전까지는.

박평문 박사는 오랜 현장 경험을 통해 나같은 사람의 심리를 잘 알고 계신 것 같았다. 구르는 재주를 가진 굼뱅이에 방구석을 탈출하여 중력을 거스르는 직립보행의 본분을 깨닫게 하고, 걸음걸음의 자유분방함에 체계와 질서를 심어준다. 내가 걷는 한걸음 한걸음이 건강한 일상이고 건전한 사교이며 풍요로운 삶이 되는 것은 물론이고 심지어 나라사랑을 실천하는 수단이 되기도 한다. 단순하고 손쉬운 그 길은 노르딕워킹으로 걸어가면서 찾을 일이라는 교훈으로 얻는다. 〈그래서 노르딕워킹을 합니다〉를 수필처럼 읽어 보시길 추천한다. 같은 책을 두 번 읽어본 적이 없는 분에게는 새로운 경험을 하게 된다. 그리고 알게 모르게 따라하는 재미는 덤이다.

산림복지업체 (주)해든숲 대표 이석준

프롤로그

당신의 걷기가
즐거운 놀이가 된다

걷기는 인류 대대로 이어오는 가장 인간적인 움직임이다. 걷기가 사람들에게 지금처럼 많은 관심을 받아 본 적이 없었다. 걸을 때처럼 중력을 이겨내는 불편한 움직임이 우리를 건강하게 만들어 준다는 확신을 가지고 이 책을 한 줄 한 줄 이었다.

노르딕워킹은 1980년대 엘리트 크로스컨트리스키 선수들의 여름 훈련용으로 도입되었으며, 2000년대 이후 유럽 여러 지역, 특히 북유럽에서 재활운동 프로그램에 널리 활용되었으며 지금도 척추측만, 거북목, 오십견 등 척추 기능 회복을 위한 목적으로 활용되고 있다.

최근에는 우리나라에서도 노르딕워킹이 40~50대 중년을 대상으로는 다이어트 목적의 체중감량 프로그램에 사용되고, 노인복지관에서는 시니어층을 대상으로 낙상 예방을 위한 헬스케어 프로그램으로 자리 잡아 가고 있다.

그리고 산림치유지도사를 배치해서 치유 프로그램을 운영하는 전국의 숲 치유센터나 보건소 재활사업팀, 국공립뿐만 아니라 민간병원의 암 환자 재활병동에서는 암 생존자의 체력 및 건강증진을 위해서 노르딕워킹을 하고 있다.

노르딕워킹은 값비싼 장비가 필요 없고 쉽게 배울 수 있고 다른 사람들과 함께 그룹으로 즐긴다는 점 때문에 많은 사람이 관심을 보이고 참가하는 사람이 점점 많아지고 있다.

당신의 걷기가 노르딕 폴을 만나 노르딕워킹이 된다면 불편했던 움직임은 즐거운 놀이가 될 것이다. 이 책을 읽는 것도 즐거운 놀이처럼 사랑받기를 바라는 마음이다. 이젠 주워 담을 수 없는 수많은 말들을 종이에 담아 세상에 내놓는다. 부디 필자의 바램이 당신의 걸음을 빛나게 하면 좋겠습니다.

2024. 7월. 저자

앞으로 이 책에서 보게 될 주요 키워드

내용		키워드
최신 정보수집	국민건강통계	정보수집방법활용
걷기의 가치	사회적의료비용 신체적 건강 정신적 건강	보행환경조성 산림치유걷기 해양치유걷기
무중력과 인체반응	우주병	근소실
중력결핍증후군	척추눌림과 조기사망	낙상
근력의 가치	근감소증	팔·다리·몸통의 근육량비율
앉기	암레스트, 넥레스트	좌골신경통
서기	원더우먼 효과	
걷기	발+다리 vs 코어	발구름 네박자보행
통증관리	레인보우 통증관리법	
대사성질환 정의	섭취와 소비의 균형	저염식
발병메커니즘	적정체중	인바디결과지 해석
질환별 맞춤형 걷기법	지형-속도	운동순서
혈액순환원리	체순환, 폐순환	협심증–심근경색
중력과 정맥환류	제2의 심장	하지근력강화운동
혈압 잡는 걷기법	지리적 환경	걷기속도
스트레스 장단점	eustress	음주, 흡연, 중독
자율신경계와 스트레스	교감신경, 부교감신경	교감/부교감신경균형
스트레스 대처	문제중심대처	정서중심대처

내용		키워드
발병메커니즘	혈액순환, 뇌혈류량과 속도	해마, 기억력
신체활동과 뇌활성화	뇌유래신경성장인자	BDNF
걷기자세와 치매전조증상	보행속도와 치매 연관성	
바른자세	청소년 척추측만	거북목, 라운드숄더
서기에 개입하는 근육	하지근	척추기립근
1차, 2차 만곡	경추, 요추	흉추, 천추미추
보행 근육과 척추정렬	안짱걸음, 팔자걸음	보행분석과 교정
손, 팔, 발, 다리 동작	팔 흔들기, 보폭, 보간, 보각, 발구름	보폭, 보각연습
계단걷기	발바닥 위치와 뇌활성화	네박자 보행
폴	길이 조절	grip and release
신발	신발기능, 부위별 명칭	신발과 맨발걷기 비교
복장	어니언스 스킨 효과	체온관리
경직과 내몸불통	혈압을 부르는 경직	관절이 부드러워야 인생이 부드럽다
족저근막염과 스트레칭	근막이완	족저근막염 치유원리
18가지 기본동작	1인 단독 스트레칭	2인 파트너 스트레칭
오르막, 내리막 걷기	폴의 위치	오르막엔 쓰리스텝, 내리막엔 포스텝
평지 걷기	폴의 각도와 위치	폴의 각도와 위치
계단 걷기	폴의 위치	폴 잠금상태 확인, 스트랩 탈거

내용		키워드
질환별 안전성+효과성제고	엑스사이즈존	주관적운동강도
약동, 독동	약이 되는 운동	독이 되는 운동
굴근 : 신근 균형	근육-관절 매듭	근력, 유연성
손동작과 혈액순환	말초혈액순환	release 동작에서 손목 각도
팔동작과 질환	뇌혈관질환	오십견, 엘보우
발목 각도	신발 바닥면의 보이는 넓이	건강한 발걸음 : 신발 바닥 닳는 곳
발 구름	롤링	리듬감
지면반력	엄지발가락	무지외반증
코어 근육의 경계	body power house	라운드숄더
척주/척추	흉추	요추
가동성과 안정성	경추:가동성	요추:안정성
지형과 스텝	오르막, 내리막, 계단	
바른자세	손, 팔 동작	발, 다리 동작
효과적인 지도과정	끌기, 폴각도, 손목각도, 엘보우각도	발목각도, 무릎각도, 손/발 수직선

목차

추천사   6
독자글   8
프롤로그   12
앞으로 이 책에서 보게 될 주요 키워드   14

1장. 바르게 걷기가 먼저다

1. 바른 자세의 힘   22
2. 걷기·노르딕워킹의 기초   26
3. 보폭, 보간, 보각   34
4. 걷기 명상   39

2장. 걸음에 날개를 달아주는 노르딕워킹

1. 노르딕워킹의 등장   42
2. 노르딕워킹의 장점   45
3. 노르딕워킹의 바른 동작   47
4. 노르딕워킹 폴   50
5. 노르딕워킹 폴의 재질   53
6. 노르딕워킹 폴의 세부 명칭과 기능   55
7. 노르딕워킹 신발   62
8. 노르딕워킹 복장   65

3장. 노르딕워킹 즐기기

1. 노르딕워킹을 위한 스트레칭	68
2. 노르딕워킹의 손동작과 팔동작	72
3. 팔을 뒤로 밀어내는 동작이 어려운 이유	75
4. 노르딕워킹 스텝	78
5. 산림치유와 노르딕워킹	82
6. 해양치유와 노르딕워킹	86
7. 신발걷기, 맨발걷기, 노르딕워킹 비교	90
8. 노르딕워킹을 즐기는 체크포인트	96
9. 노르딕워킹에 적용하는 2:8법칙	99

4장. 중력, 근력, 그리고 걷기

1. 보행 근력	104
2. 발목 관절 강화 운동	106
3. 무릎 관절 강화 운동	110
4. 허리 관절 강화 운동	115
5. 어깨 관절 강화 운동	119
6. 등 결림 해소 운동	123
7. 목 관절 강화 운동	127
8. 근육의 수축력 결정요인	130
9. 근육 운동의 기본 규칙	132

10. 달콤한 근육통의 비밀　　　　　　　　134
11. 워밍업과 쿨다운　　　　　　　　　　136

5장. 건강을 이어주는 노르딕워킹

1. 뇌세포에도 독감처럼 백신이 필요하다　　142
2. 기억력을 지키는 걷기·달리기　　　　　144
3. 걸을 때 팔을 흔들지 않던 옆집 할머니　145
4. 뇌는 보행 중 흡연을 싫어해　　　　　　147
5. 노르딕워킹의 건강상 효과　　　　　　　150
6. 생애주기별 노르딕워킹의 활용　　　　　152
7. 마을 통합돌봄 사업에 최적화된 노르딕워킹　158

6장. 그래서 노르딕워킹 합니다

1. 지금 안 걸으면 나중에는 못 걸어요　　164
2. 즐거움보다 안전이 우선이죠　　　　　　166
3. 체중감량과 노르딕워킹　　　　　　　　169
4. 근육은 팔방미인　　　　　　　　　　　172
5. 체중감량을 돕는 유익한 정보들　　　　175
6. 돌아서면 배가 고프다. 왜 이럴까?　　　179

7장. 스포츠의학자도 반해버린 노르딕워킹

1. 심뇌혈관질환 예방 효과	184
2. 혈액순환 개선 효과	188
3. 통증 완화 효과	200
4. 우울과 스트레스 완화 효과	206
5. 항암 효과	208
6. 척추 교정 효과	210

에필로그	212
참고문헌	214

1장
바르게 걷기가 먼저다

걷기의 가치를 높이는
올바른 발걸음을 안다는 것은
행복한 삶과 눈을 마주치는 것이다.

1. 바른 자세의 힘

좋은 자세를 취하기 위한 거의 모든 움직임은 척추에 가해지는 부담을 줄여준다. 뒷굽이 낮고 더 부드러운 신발로 바꾸거나 종아리를 스트레칭 하는 것은 척추에 가해지는 부담을 줄여준다.

평소에 고정된 자세로 오래 앉아 있는 것보다는 다양한 자세로 바꿔 앉거나 걸을 때 보폭을 조금 더 크게 해서 관절의 가동 범위를 개선해서 걷는 것도 척추에 가해지는 부담을 줄여 준다.

이와 반대로 척추가 잘 움직이지 않는다면 근육의 유연성과 관절의 가동성을 감소시켜 우리 몸은 경직되고 통증을 느끼게 될 것이다. 인체는 많은 관절이 있어서 다양한 방식으로 움직일 수 있다.

우리 몸의 척추는 윗부분인 경추는 가볍고 작은 척추뼈들이 있고 가슴과 허리를 지나 꼬리로 내려갈수록 무겁고 큰 척추뼈들로 구성되어 있다.

우리가 바른 자세로 서 있을 때 척추뼈는 직선이 아니라 S자 형태의 만곡

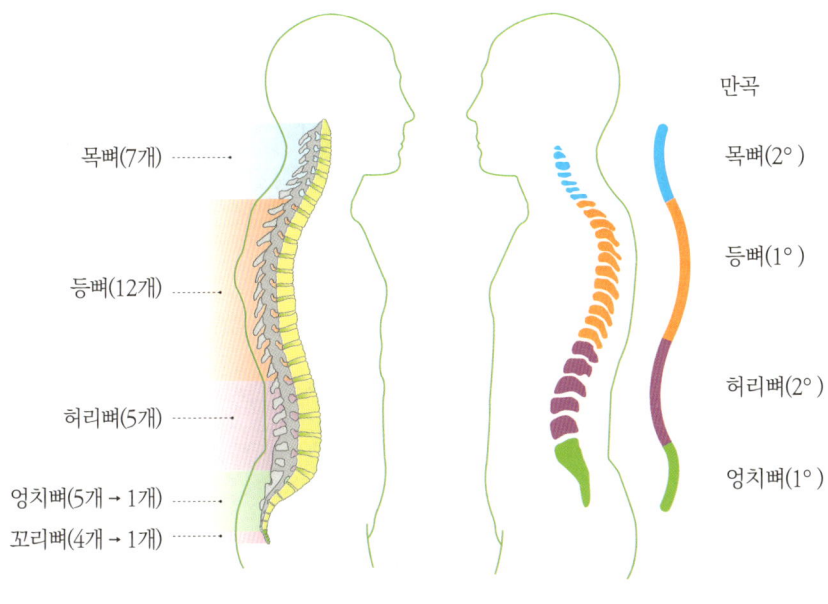

1·2차 척추만곡

을 띠고 있다. 이러한 만곡은 우리 몸에 가해지는 중력과 체중의 무게 부담을 효율적으로 줄이고 척추 손상을 최소화하도록 도와주는 역할을 한다.

등과 엉덩이처럼 후만을 보이는 부위는 태아기부터 웅크린 자세 때문에 만곡을 가지고 태어난다. 그래서 선천적 만곡, 1차 만곡이라고 한다. 이에 반해 목과 허리부위에서 보이는 전만은 중력에 저항하는 근육의 발달과 함께 서서히 진행되기 때문에 후천적인 만곡, 2차 만곡이라고 부른다.

목부터 꼬리뼈까지의 척추 만곡은 이중 S자 곡선을 그린다. 이러한 자연스러운 만곡으로 정렬된 척추를 중립척추 neutral spine라고 부른다. 척추의 만곡에 영향을 주는 것은 단순히 관절과 근육만이 아니라 머리, 어깨, 흉곽, 골반의 위치에 따라 척추 만곡이 변형될 수 있다.

척추의 뼈들은 개별적인 움직임 능력은 거의 없다. 그래서 우리 몸의 만곡은 머리, 어깨, 흉곽, 골반이 어떤 위치에서 무엇을 하느냐에 따라 변하게 된다. 척추 만곡의 형태와 기능을 정상적으로 유지하기 위해서는 바른 자세가 중요하다.

바른 자세란, 중립 척추를 만드는 것을 뜻한다. 중립 척추는 머리-흉곽-골반의 위치가 반듯하게 정렬되어야 한다. 확인하기 위해서 다음 세 가지를 점검해 보자(임상원, 홍정심 외, 2024).

 1) 머리가 가슴과 골반보다 앞쪽에 나와 있는가?
 2) 가슴(흉곽)이 들려 있는가? 아니면 가슴이 골반보다 앞쪽에 나와 있는가?
 3) 골반이 머리와 가슴보다 앞쪽에 나와 있는가?

중립 척추는 단순히 육안으로 보이는 만곡의 모양이 아니라 만곡을 이루는 근육과 관절의 상태를 뜻한다. 근육과 관절의 상태는 역동적으로 움직일 때 기능이 개선된다. 즉 척추를 더 많이 사용하는 것은 근육의 유연성과 관절의 가동성을 개선시키고 건강한 척추를 만들어 준다.

본인의 하루를 떠올리면서 굽히는 근육과 펴는 근육의 사용 빈도를 생각해 보자. 손바닥이 아래로 향한 상태가 상대적으로 더 많을 것이다. 컴퓨터 타이핑 동작도 손바닥이 아래로 향하고 운전대를 잡은 손도 손바닥이 아래쪽으로 향한다. 이렇게 손바닥이 아래로 향하면 어깨는 내회전 하면서 라운드 숄더가 되고 거북목으로 진행될 수도 있다.

일상에서 어깨와 가슴을 펴는 간단하면서 효과적인 방법이 있다. 뒤쪽에 있는 물건을 잡을 때 어깨를 외회전시켜서 엄지손가락을 바깥쪽으로 돌린 상태에서 팔을 뒤로 뻗어 보자. 이렇게 하면 하루 종일 내회전 되어 있던 어깨 관절이 잠시나마 외회전 되면서 관절의 가동 범위를 유지하고 바른자세를 위해서도 도움된다.

2. 걷기·노르딕워킹의 기초

노르딕워킹을 가르치는 전문 강사들은 노르딕워킹의 매력에 빠져 '걷기'에 대해서는 소홀히 하는 경향이 있다. 노르딕워킹을 잘 하기 위해서는 '걷기'에 관한 전반적인 지식에 대해 알아야 한다. 걷기에 관해 알기 위해서는 '서기'에 대해서 알아야 한다.

마찬가지로 바르게 서기에 대해 알기 위해서는 '바른 자세'에 대해 알아야 한다. 바른 자세와 바르게 서기는 중력과 항중력 개념으로 접근해야 한다.

요약하면, 노르딕워킹을 잘하기 위해서는 걷기를 잘해야 하고, 걷기를 잘하기 위해서는 서기를 잘해야 하고 바르게 서기 위해서는 일상생활에서의 앉거나 서 있을 때 자세가 중요하다. 노르딕워킹은 더 즐겁고 더 건강한 걸음을 위한 하나의 도구로 생각하자.

걷기는 중력에 저항하면서 움직이는 가장 기본적인 신체활동이다. 걷기는 단순해 보이는 움직임이지만 우리 몸의 모든 근육과 힘줄, 인대, 관절이 동원되는 정교한 동작이다.

바른 걷기를 이해하기 위해서는 근육, 관절, 팔·다리·발의 움직임, 신발의 구조와 기능, 보폭, 보간, 보각을 알아야 한다.

1) 팔 움직임
경추-흉추-요추-천추-미추로 이어지는 척주는 중력 방향으로 곧게 서야 인체의 모든 관절은 최소한의 중력으로 걸을 수 있다. 보폭이 크면 클수록 몸통의 회전도 크게 된다. 이때 중요한 것은 몸의 균형을 유지해야 하는데 회전하는 몸통의 반대쪽 팔을 뒤로 흔들면서 무게 중심을 잡게 된다.

즉, 오른쪽 다리는 뒤에 있고 왼쪽 다리가 앞으로 나오면 왼팔은 뒤에 있고 오른쪽 팔이 앞으로 나온다. 이때 왼팔을 뒤로 바르게 뻗는 동작은 몸통의 과회전을 막고 상완삼두근의 사용을 돕는다.

걸을 때 팔 흔들기는 옆에서 봤을 때 견봉을 중심으로 앞으로 20도, 뒤로 30도 정도 흔드는 것이 좋다. 뒤쪽으로 조금 더 큰 각도로 흔드는 것이 어깨와 흉곽의 열림을 도와서 라운드숄더와 거북목을 예방해 준다.

2) 근육
걷기에 동원되는 근육, 인대의 기능을 이해하는 것은 바른 걸음을 걷기 위해서 매우 중요하다.

- 근육 : 관절의 브레이크다.
- 인대 : 관절의 안전벨트다.

많은 사람이 브레이크 역할을 하는 근육이 없는 상태에서 몸을 운전하고 있다. 이런 경우에는 낙상과 같은 사고가 나는 것은 당연하다.

또 다른 문제는 브레이크 역할 하는 근육은 있지만 사용법을 잘 알지 못하기 때문에 근육보다는 신체 부위를 연결하고 안전벨트 역할을 하는 인대에 의존해서 걷는다. 자동차의 브레이크를 잘 사용할수록 안전벨트의 도움을 받지 않아도 되는 것처럼 각 관절 주위 근육들을 잘 사용하면 인대들은 역할을 맡지 않아도 올바른 보행은 가능해진다.

보행에 관여하는 근육은 전신 근육의 45~50% 정도다. 이렇게 발, 장단지, 허벅지 부위의 근육은 생각보다 많지만 이 중에서도 가장 핵심적인 근육은 다리가 아니라 젖꼭지 아래부터 무릎 위까지 이어지는 코어 근육이다. 바른 걸음은 관절이 아닌 코어 근육으로 걸어야 한다.

3) 관절
상체에는 목관절, 어깨관절, 팔꿈치관절, 손목관절이 서로 유기적인 움직임을 해야 하고, 하체는 고관절, 무릎관절, 발목관절의 움직임이 중요하다.

우리의 걸음은 관절을 부드럽게 만드는 효과 외에도 림프계에 매우 중요하다. 림프계는 질병과 감염으로부터 신체를 보호하는 면역체계의 일부이며 몸 전체에 분포되어 있다.

림프절은 목, 겨드랑이, 사타구니, 복부 등 움직임이 많은 부위에 위치한다. 림프액은 골격근의 수축-이완에 의해서 순환이 된다. 예를들어 팔을 자주 사용하지 않으면 겨드랑이 부위의 림프는 그곳에 정체되면서 부종이 나타난다.

4) 발목과 풋코어

발목의 움직임은 심장박동의 연장선이다. 발목의 움직임이 장단지와 허벅지 근육을 수축이완시켜서 혈액이 심장으로 돌아가는 정맥환류를 원활하게 도와준다. 그래서 가슴에 있는 심장은 자동심장, 장단지와 허벅지 근육은 수동심장이라고 한다.

우리 몸은 눈, 코, 귀, 손, 발, 콩팥, 폐가 좌우대칭을 이루며 2개인 것처럼 심장도 상하대칭을 이루면서 2개를 가지고 있다.

심장에서 나온 혈액이 온몸의 동맥으로 퍼져나가는 것은 중력이 도와준다. 이에 반해 정맥을 따라 심장으로 되돌아 가는 것은 근육이 도와준다. 따라서 원활한 혈액순환을 위해서는 강력한 근육의 수축-이완이 필요하다.

왕성한 정맥환류를 위해서는 엄지발가락으로 땅을 힘차게 밀고 나가는

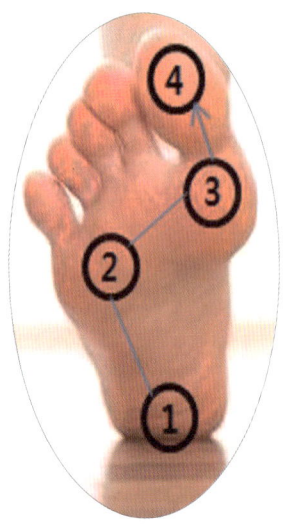

네 박자 보행

지면반력이 요구되는데 나이가 들수록 근육은 감소하고 빨리 걸을 일도 줄어들면서 우리의 발 구름은 근육보다는 관절을 더 많이 사용하게 된다.

지면반력을 키워서 혈액순환을 더 잘 되게 해주는 발 구름으로 걸어보자. 보행시 뒤꿈치부터 먼저 땅에 닿고 풋 코어를 지나 엄지발가락으로 이어지는 발 구름으로 3개의 풋 아치(foot arch, 족궁)을 모두 사용해야 한다.

가장 이상적인 발 구름은 ①→②→③→④ 순으로 이어지는 걸음이다. 하지만 실제 걸음에서는 불가능하다. 걸음의 동작 연결성을 감안할 때 가장 효율적인 발 구름은 ①→③→④ 순이다.

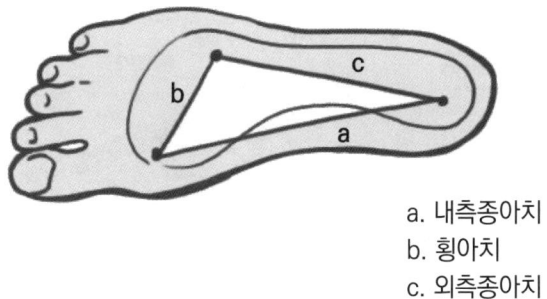

a. 내측종아치
b. 횡아치
c. 외측종아치

풋 아치

3개의 풋 아치는 보행시 중력 방향으로 가해지는 충격으로부터 관절을 보호하고 장시간 걸어도 피로하지 않도록 쿠션 역할을 한다.

이처럼 부드러운 발 구름을 위해서는 발목관절이 부드러워야 한다. 2~3시간 이상 트레킹을 할 때는 발목관절의 가동성을 위해서 신발의 탑 라인이 발목까지 올라오는 등산화는 발목관절의 움직임에 방해가 되어 오래 걸으면 전거비인대에 통증을 초래할 수 있다.

5) 팔·다리

보행시 팔·다리는 별개가 아닌 한 세트로 생각해야 한다. 보행속도는 팔 흔드는 속도와 같다. 그래서 파워워킹처럼 보행속도를 높이기 위해

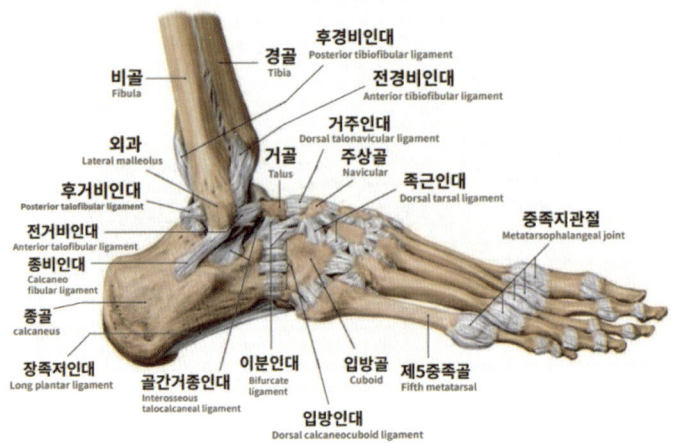

발목등산화를 신고 오래 걸으면 발생하는 전거비인대 통증

서는 양팔을 빠르고 경쾌하게 흔들어야 한다.

6) 신발

장시간 안정적인 보행을 위해서는 신발을 신어야 한다. 기본적으로는 발을 감싸고 보호하는 역할이 있지만 입각기와 유각기 모두 인체 중심을 잡고 발의 방향을 결정하는 역할을 한다. 그래서 자주 많이 걷는 사람은 트레킹 전용화를 구입 하도록 권한다. 신발의 각 부위 명칭과 기능을 간략하게 알아보자.

- 힐카운터(hill counter) : 유각기에는 발목 흔들림을 방지하고 방향을 반듯하게 잡아준다. 자동차 핸들과 같은 역할을 한다. 가끔 길에서 보면 힐카운터를 안으로 접어서 신는 사람을 보게 된다. 참 안타까운 생각이 든

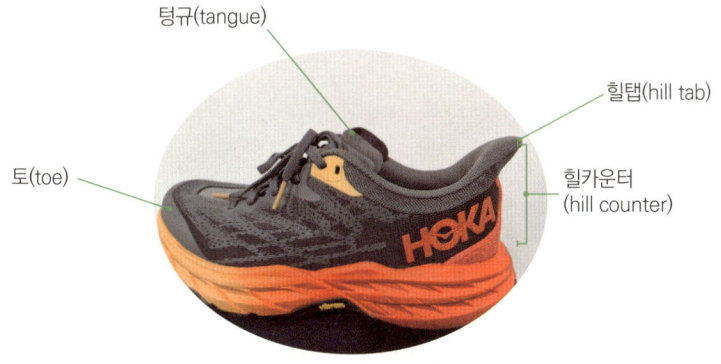

신발부위별 명칭

다. 그래서 이 책을 통해 바르게 걷도록 도와주는 신발의 각 부위 기능에 대해 알려야겠다고 생각하게 되었다.

- 힐탭(hill tab) : 신발의 탑라인을 따라 올라오다가 만나게 되는 뒤꿈치 부위를 말한다. 힐탭은 발목 뒤쪽의 아킬레스건을 보호한다.
- 텅규(tangue) : 발등과 발목 위쪽을 덮어 주고 이 부위를 보호하는 역할을 한다. 약간 두텁고 길게 올라오는 것이 좋다.
- 토(toe) : 발가락을 감싸는 부위를 말한다. 보행 안전성과 편의성을 위해서는 신발의 토 부위를 손가락으로 지긋이 눌렸을 때 뒤꿈치가 많이 들리는 신발이 좋다. 이런 신발은 보행시 발목관절의 피로를 줄여주고 부드럽고 자연스러운 발 구름을 만들어 준다.

3. 보폭, 보간, 보각

우리가 걸어 다니면서 잘 의식하지 못하는 보폭, 보간, 보각은 걸음 속도와 걷는 동안 인체 균형에 영향을 미친다. 자신의 몸에 적당한 보폭과 보간 뿐만아니라 정상범위 내의 보각은 우리의 걸음을 평생 건강 밑거름이 되게 도와준다.

1) 보폭

보폭은 앞발의 뒤꿈치에서 뒷발의 뒤꿈치까지 거리를 말한다. 보폭을 설정하는 방법은 3가지가 있다. 일반보행에는 '키 × 0.36', 파워워킹에는 '키-100', 노르딕워킹에는 '키 × 0.45'로 계산한다.

예를 들어, 자신의 키가 160cm라면 각각의 보폭은 다음과 같다.

- 일반보행 : 160 × 0.36 = 57.6cm
- 파워워킹 : 160 - 100 = 60.0cm
- 노르딕워킹 : 160 × 0.45 = 72.0cm

위에서 보듯이 보폭은 일반보행(57.6cm), 파워워킹(60cm), 노르딕워킹(72cm) 순으로 길어진다. 일반보행의 보폭에 비해서 노르딕워킹의 보폭

보폭 연습시 폴 배열 간격: 참가자 중 중간 키 × 0.45cm

은 14.4cm가 더 길다. 여기서 우리는 '10cm 더 넓은 보폭'이 우리에게 주는 건강상의 이점에 관심을 가져야 한다.

노르딕워킹은 앞발과 뒷발 사이에 폴을 꽂기 때문에 일반보행보다 보폭이 넓어야 한다. 그런데 노르딕워킹을 배우는 처음부터 보폭을 넓게 하면 발목관절과 전경골근 및 고관절에 무리가 갈 수 있다. 하루 이틀 시간적 여유를 두고 보폭의 최소치와 최대치 사이에서 조금씩 넓혀 가면 된다.

보폭이 넓을수록 발은 자연스럽게 뒤꿈치부터 착지하고 무릎이 펴지는 장점이 있다. 하지만 발목관절과 고관절의 가동 범위가 커지기 때문에 무리가 올 수 있다. 따라서 노르딕워킹을 할 때는 발목관절과 고

관절 스트레칭을 중간중간에 자주 해주는 것이 좋다.

보폭 연습은 폴을 기차 레일처럼 배열하고 한 명씩 그 위를 지나가게 한다. 이때 폴과 폴의 간격이 중요하다. 폴 간격은 그룹 멤버 중에서 중간 키에 해당되는 사람의 키 × 0.45cm로 설정하면 무난하다.

2) 보간

보간은 보행시 양발의 내측 가로거리를 뜻한다. 쉽게 무릎과 무릎 사이라고 생각하면 된다. 일반 보행시 주먹 하나에 해당하는 10cm 정도가 적당하다. 보간이 넓으면 앞으로 나가는 추진력이 떨어지고 패션모델처럼 보간이 좁으면 균형잡는 것이 불안해서 빠르게 걸을 수 없게 된다.

보간이 넓어지면 팔자걸음이 될 가능성이 높아지고 보간이 좁으면 안짱걸음이 될 가능성이 높아진다. 이 두 가지 걸음패턴은 결국 무릎을 뒤틀리게 한다. 뒤틀린 무릎으로 오래 걸을 수 없고 통증을 감수해야 한다. 따라서 적당한 보간을 유지하려는 의식적인 노력이 있어야 바른걸음으로 걸을 수 있다.

한 가지 기억할 것은 보간은 누구에게나 어떤 상황이든지 무조건 10cm로 고정해야 하는 것은 아니다. 속보로 빠르게 걸으면 보간은 자연스럽게 좁혀지고, 임신부처럼 몸의 무게 중심을 잡으면서 천천히 걸어야 할 경우에는 보간이 10cm보다 넓어진다.

보각을 10도 이내로 좁히는 보행 연습

3) 보각

뒤꿈치 정중앙과 엄지와 검지 발가락 사이를 이은 선의 각도를 뜻한다. 정상 걸음 5~7도 이내다. 보각이 12도 이상으로 커지면 팔자걸음을 보인다. 정상적인 각도를 유지하면 후족부는 신발 뒤꿈치의 약간 바깥쪽이 닳고 전족부는 엄지발가락 쪽이 닳는 것이 좋은 걸음이다.

이와 반대로 보각이 0도보다 적으면 안짱걸음이다. 풋코어 근육이 약해지면서 내측종아치가 내려앉으면 안쪽 복숭아뼈가 지면에 가깝게 내려앉는다. 장기간 지속되면 발목관절이 안쪽으로 꺾이면서 무지외반증이 나타나기도 하고 자주 넘어지고 무릎과 고관절의 통증을 초래한다. 만약 넘어진다면 심각한 부상을 초래하기도 한다.

걸을 때 적절한 보각을 유지하기 위해서는 그림처럼 일자로 선을 긋거나 테이프를 붙여서 뒤꿈치와 엄지-검지 사이가 바닥에 그은 선의 중앙에 오도록 해서 걷기 연습을 하면 정상 보각을 유지하는데 도움 된다.

4. 걷기 명상

숲에서 걸을 때 두세 걸음 걷다가 잠깐 멈춰 서서 잡념을 버리고 지금 내 몸 곳곳에서 느껴지는 감각에 집중하는 것을 반복하는 것이 걷기 명상이다.

걷기 명상에 참가하는 사람은 스트레스 호르몬인 코디졸 수치가 감소했고 혈관 건강지수는 개선되었다(KBS생로병사의비밀 제작팀, 2022).

필자가 출강하는 모보건소는 재가 암 환자를 대상으로 숲속 운동교실을 실시하고 있다. 항암 치료는 끝났지만 완전히 건강한 상태로 회복되지 않아서 지속적으로 케어 활동이 필요한 사람들이 숲으로 모여들고 있다.

숲은 암 환자에게 어떤 치유 효과가 있을까? 많은 연구자들이 공통적으로 주장하는 것이 암세포만 골라서 공격하는 NK세포와 T세포의 증가다. 이러한 면역기능의 개선은 피톤치드의 영향이 크다는데 이견이 없다.

피톤치드는 식물이 숲속의 유해인자로부터 자신을 보호하기 위하여 살균작용을 가진 다양한 화합물을 만들어 내는데 이것을 통칭하는 것

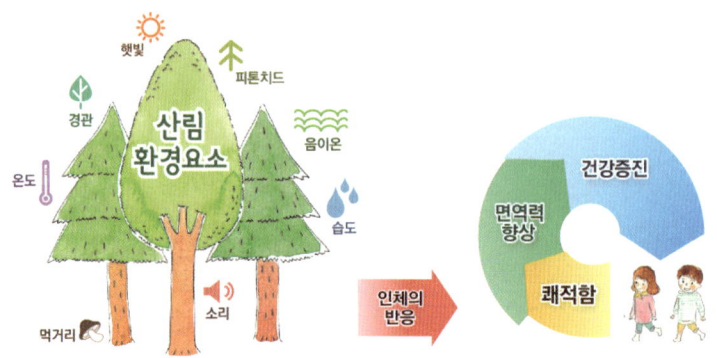

산림치유 개념 (산림청, 2024)

이다. 주로 휘발성 형태로 존재하고 호흡기와 피부를 통해 인체에 흡수된다.

피톤치드는 면역 효과와 교감신경계에 의한 흥분을 완화시키고 부교감신경계를 활성화시켜 심리적 안정감을 준다.

이와 함께 숲속을 걸을 때 느끼는 특유의 땅 냄새에는 지오스민이라는 물질이 있다. 지오스민도 피톤치드와 비슷한 작용으로 우리를 심리적 안정상태로 만들어 준다.

1장 출처 : 임상원, 홍정심 외(2024). 인생을 바꾸는 움직임 혁명, 서울 : 아침사과.
　　　　　KBS 생로병사의 비밀제작팀(2022). 걷기만 해도 병이 낫는다. 2022. 서울:비타북스.
　　　　　산림청(2024). 산림치유 용어, 산림청

2장
걸음에 날개를 달아주는 노르딕워킹

양손에 폴을 드는 순간
당신의 걸음에 날개를 달고
어제보다 건강한 걸음으로 이끌어 줄 것이다.

1. 노르딕워킹의 등장

노르딕워킹은 핀란드어로는 sauvakävely 라고 부른다. 특별히 고안된 폴을 사용하는 피트니스형 걷기다. 1979년 마우리 레포(Mauri Repo)가 "크로스컨트리 스키 훈련 방법의 일부" 라고 소개한 〈Hiihdon lajiosa〉를 출판 하면서 처음으로 공식적으로 정의 되었다.

원래 노르딕워킹은 일체형 스키 폴을 사용하면서 크로스컨트리 스키 선수들의 비수기 훈련 활동을 기반으로 개발된 스포츠다. 노르딕워킹 전용 폴이 제작 판매되면서 일반인에게 알려지기 시작했다.

노르딕워킹은 전신 근육의 90%를 사용하면서 주로 폄근육을 사용하기 때문에 중장년부터 노년층까지 근력 발달 및 근육의 유연성과 관절의 가동성을 개선시키는데 효과적이다.

우리나라의 고령사회 진입 추이는 세계적으로도 보기 드문 사례로 아주 짧은 시간 내에 진행되었으며 2030년이면 여성의 기대수명은 90세, 남성은 84세에 도달될 것으로 예측했다. 이 예측치는 우리나라의 남녀 기대수명은 세계 최고령에 해당하는 기대수명이다(Vasilis Kontis 등, 2017).

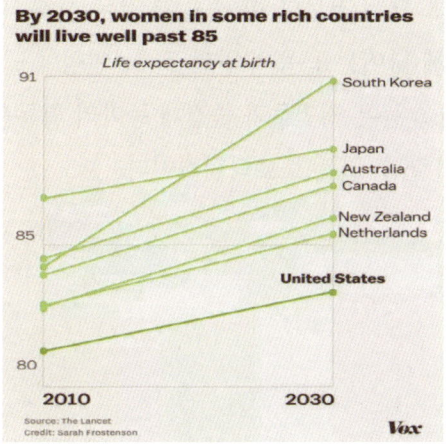

2030년 기준, 주요 선진국 여성의 기대수명

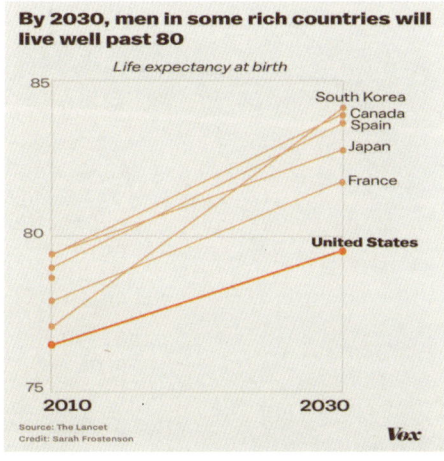

2030년 기준, 주요 선진국 남성의 기대수명

2장. 걸음에 날개를 달아주는 노르딕워킹 43

달력 나이로 오래 사는 것보다 더 중요한 것은 신체 나이를 젊게 유지하는 것이다. 신체 나이는 근육의 양과 질, 유연성에 달렸다. 따라서 노년층에게 최고의 운동은 지인들과 즐겁게 동아리 활동을 하면서 근력과 유연성을 향상 시킬 수 있는 노르딕워킹이다.

2. 노르딕워킹의 장점

일반 걷기에 비해 노르딕워킹은 보폭마다 폴에 힘을 가하는 방식이다. 노르딕워킹은 일반 걷기에 비해 몸의 근육을 더 많이, 더 높은 강도로 사용하고 복부, 척추, 가슴, 광배근, 이두근, 삼두근, 어깨 및 기타 코어 근육에 더 강한 자극을 받아 근육량 증가를 가져올 수 있다. 노르딕워킹의 건강상 이익은 근육량 증가로부터 시작된다.

노르딕워킹은 폴 없이 걷는 것에 비해 에너지 소비가 최대 46%로 더 높은 것으로 추정된다. 이러한 추정은 노르딕워킹의 효과에 대한 여러 연구 결과에서 보고되고 있다. 특히 일반 걷기와 노르딕워킹을 비교한 연구에서는 노르딕워킹이 일반 걷기에 비해 BMI와 허리둘레가 더 크게 감소한 것으로 나타났다(안드레아스 빌헬름 등, 2010). 이런 효과는 몸의 움직임이 일반 걷기보다 파워풀하기 때문이다.

이렇게 파워 넘치는 노르딕워킹의 움직임 특성은 아래 5가지로 설명할 수 있다.

첫째, 우리 몸의 근육 중에서 90%를 사용하는 움직임이다.

둘째, 균형과 리드믹컬한 움직임이다.
셋째, 팔 흔들기와 다리 뻗기 동작 및 발 구름 동작 등 모든 동작이 대칭적인 움직임이다.
넷째, 일반 걷기에 비해서 펴는 근육을 많이 사용하는 펴는 움직임이다.
다섯째, 폴을 지면에 눌러 지면반력을 이용하는 추진력을 강조하는 움직임이다.

3. 노르딕워킹의 바른 동작

노르딕워킹을 할 때 팔, 다리, 몸통은 리드미컬하게 움직이는 것이 정상적이고 격렬한 걷기에 사용되는 리듬과 유사하다. 팔의 움직임에 따라 보폭이 조절되며 팔 움직임이 제한되면 골반, 고관절의 움직임과 보폭이 자연스럽게 제한된다. 폴의 추진력이 길어질수록 보폭도 넓어지고 골반과 상체의 스윙이 더욱 강력해진다.

노르딕워킹에서 가장 중요한 것은 팔과 다리의 움직임이 대각선 방향으로 교차된다는 것이다. 즉, 왼팔이 오른발과 동시에 앞으로 스윙하는 것이다. 이는 자동으로 움직임을 더욱 리드미컬하게 만들어 균일한 흐름을 보장한다.

상체는 약간 앞으로 구부려야 하며 팔 스윙 길이와 보폭에 따라 어깨와 골반 사이의 회전을 조절해야 한다. 이러한 움직임을 원활하게 하기 위해서는 폴의 길이를 자신의 몸에 맞게 조절해야 한다. 적절한 폴의 길이는 자신의 키 × 0.7cm로 계산하면 된다.

양팔의 스윙은 어깨 관절부터 시작하여 팔 전체를 사용한다. 앞으로 스윙할 때 팔꿈치 관절을 완전히 펴지 않는다. 그런 다음 팔을 약간 더 강하게 흔들고 팔꿈치 관절을 늘려 가장 뒤쪽 지점에서 끝난다. 이렇게 팔을 뒤로 뻗는 동작은 노르딕워킹 기술의 주요 특징 중 하나다.

다음으로 주의해야 할 것은 폴을 바닥에 놓을 때 너무 많은 힘이 가해지지 않도록 주의한다. 앞발의 뒤꿈치와 뒷발의 발가락이 땅을 밀어내는 지점에 닿아야 한다. 즉, 폴을 앞발과 뒷발의 중간 지점에 놓으면 된다.

모든 손가락은 폴의 손잡이 주위를 단단히 잡고 있다가 팔을 뒤로 뻗으면서 다섯 손가락을 그립에서 떼고, 다시 팔이 앞으로 나오면 그립을 움켜 잡는다. 이 동작을 'take back and catch' 라고 한다.

노르딕워킹 기술을 완성하려면 발을 어떻게 움직이는지에 주의를 기울여야 한다. 발뒤꿈치를 먼저 지면에 내리고 나머지 발도 부드럽게 따라가야 한다. 발바닥 전체가 땅에 닿으면 발가락으로 다시 밀어낸다. 이러한 팔과 다리의 대칭성을 이루는 노르딕워킹의 동작을 내 것으로 만드는 것이 쉽지 않은 이유는 몇 가지가 있다.

첫째는 몸의 근육을 90%이상 사용해야 하는 전신 움직임이다.
둘째는 보폭은 넓게하고 보간은 좁게해서 균형을 잡고 리드믹컬하게 걸어야 한다.
셋째는 대칭적인 움직이다. 우리는 평생 굽히는 근육 위주로 움직여 왔다. 굽힘과 폄에 동원되는 관절과 근육의 움직임이 정확하게 대칭을 이

뤄야 한다. 굽힘에 익숙해진 탓에 상대적으로 펴는 근육을 더 많이 사용해야 대칭을 이루게 된다. 그래서 근육통을 느끼기도 한다.

넷째, 양손에 든 폴을 이용해서 힘차게 나가는 추진력을 살려야 한다.

위에 설명한 네 가지 특징을 잘 이해하면서 정확한 동작으로 노르딕워킹과 동행하기를 바란다.

노르딕워킹의 바른 동작

4. 노르딕워킹 폴

최초의 피트니스 보행용 워킹 스틱은 1988년 미국의 Exer-strider에서 생산되었고 노르딕워킹 전용 폴은 1997년 Exel에서 생산 판매하였고 1999년에 'Nordic Walking'이라는 용어를 만들어 대중화를 이끌었다.

노르딕워킹 폴은 크로스컨트리 스키에 권장되는 폴보다 훨씬 짧다. 노르딕워킹 폴은 다양한 길이로 제공되는 조절 불가능한 일체형 폴과 길이 조절이 가능한 접이식이 있다. 잠금 방식에 따라서 버튼형과 트위스트형으로 나눌 수 있다.

자신의 키에 꼭 맞는 일체형 노르딕워킹 폴은 잠금식으로 길이를 조절하는 폴보다 더 안전하고 가벼우며 내구성이 훨씬 뛰어나다. 하지만 폴의 길이 조절이 안되기 때문에 처음 구입 할 때 사용자에게 잘 맞춰야 한다.

이에 반해 접거나 길이를 조절할 수 있는 폴은 사용자의 키에 더 정확하게 맞춰서 사용 가능하고 내리막같은 지형변화에 폴의 길이를 조절이 가능하고 다른 사람들도 사용할 수 있다는 장점이 있다.

노르딕워킹 폴의 각 부위 명칭

노르딕워킹 폴에는 다양한 그립법과 손목 스트랩이 있으며 드물게 손목 스트랩이 아예 없는 경우도 있다.

스트랩을 사용하면 그립을 꽉 잡을 필요가 없고 많은 트레킹 폴과 마찬가지로 노르딕워킹 폴에는 단단한 표면에 사용할 수 있는 탈착식 고무 러버가 있고, 트레일, 해변, 눈 및 얼음용으로 금속 칩(스파이크)이 폴의 최하단에 부착되어 있다.

양손에 잡은 노르딕워킹 폴은 제2의 다리 역할을 한다. 다리가 부실하면 트레킹 중 부상을 입거나 불편함을 초래할 수 있다. 최근 노르딕워킹 붐으로 전문 폴의 사용이 증가하면서 다양한 제품들이 출시되고 있는데 그 중에는 안전성과 기능이 떨어진 폴도 있다.

특히, 다리 근력이 약한 노년층일수록 폴에 체중을 싣는 비중이 커지는데, 이때 약한 재질로 만들어진 폴이라면 휘어지거나 부러질 수 있다. 이음새가 부실하거나 잠금장치가 견고하지 못하면 체중이 실리면서 잠금장치가 풀리고 폴 길이가 갑자기 줄어들어 앞으로 넘어질 수 있다.

폴은 노르딕워킹에서 필수적인 장비이지만 트레킹 중 상해를 유발할 수 있으므로 폴을 구입 할 경우 반드시 전문가의 도움을 받는 것이 좋다.

5. 노르딕워킹 폴의 재질

대부분의 폴대는 티타늄, 카본, 카본합금, 알루미늄, 합금류(듀랄루민: 알루미늄+구리) 등이 있다. 경우에 따라서는 폴(샤프트)의 단 별로 각기 다른 재질을 사용하기도 한다.

폴은 가볍고 단단한 것이 좋으며 내구성과 강도가 좋아야 체중에 견딜 수 있다. 일반적으로 이상적인 무게는 200g 이하로 알려져 있다.

1) 알루미늄 합금
강도가 좋고 무겁지 않은 편이라 폴의 소재로 가장 널리 쓰인다. 알루미늄은 큰 부하가 걸리면 휘어지지만 잘 부러지지는 않는다. 산행 중 휘더라도 펴서 쓸 수도 있다.

2) 카본
가벼운 것이 가장 큰 장점이다. 카본은 폴에서 수직 방향으로는 강도가 높지만 측면 충격에는 약한 것이 단점이다. 저품질 제품은 일정 한도 이상의 무게나 한도 이상의 추위에서 깨질 수도 있다. 그래서 바위 등 측면 자극이 많은 환경에서 사용하거나 무게 부하를 많이 주는 사람에게는 적당하지 않다.

3) 카본합성
합성수지 등과 섞게 되는데 합금 비율이나 성분에 따라 품질이 달라진다. 그래서 카본섬유 제품은 가격이 너무 싸면 신뢰하지 않는 것이 좋다.

6. 노르딕워킹 폴의 세부 명칭과 기능

1) 손잡이(그립)

노르딕워킹 폴의 손잡이는 코르크, 플라스틱, 발포고무 등 다양한 소재로 제작된다. 플라스틱과 발포고무가 코르크보다는 오래 지속되지만 코르크는 그립감과 땀 흡수력이 뛰어나다.

손잡이는 개인적인 취향이라고 할 수 있지만 중요한 것은 워킹을 하는 동안 손잡이를 항상 움켜 잡아서는 안된다는 것을 기억해야 한다.

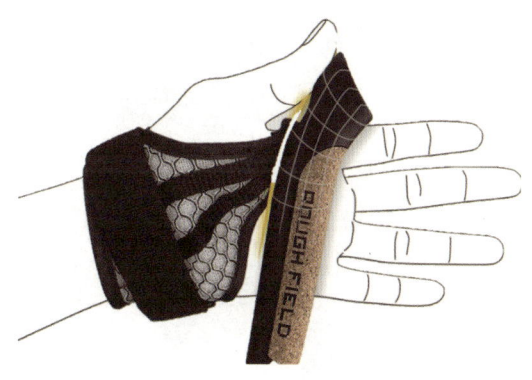

노르딕워킹 폴의 손잡이

2) 스트랩

노르딕 폴과 등산 스틱의 가장 큰 차이점은 바로 스트랩이다. 등산 스틱은 끈으로 되어 있다. 끈의 용도는 스틱을 밀기 위한 수단이라기보다는 스틱을 떨어뜨리는 것을 막기 위해 고안된 것으로 보인다.

이에 반해 노르딕 폴은 엄지손가락과 손목을 자유롭게 사용하면서 폴의 손잡이를 잡았다 놨다 할 수 있는 특수한 장갑 형태로 되어 있다. 이렇게 디자인된 스트랩 덕분에 손가락 끝까지 흘러온 혈액을 심장으로 되돌려 보내는 정맥환류용 펌핑기능이 가능하게 되었다.

결과적으로 혈액순환이 좋아지고 소비되는 칼로리량을 높이게 되고 체온상승으로 상체의 모든 견관절을 부드럽고 튼튼하게 만들어 준다.

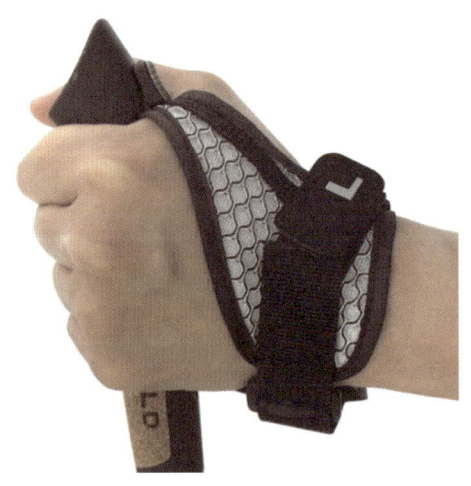

노르딕워킹 폴의 스트랩 착용

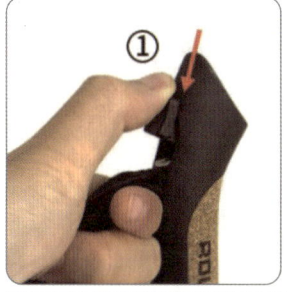 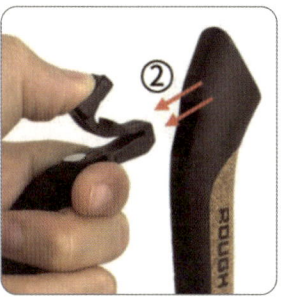

① 아래로 누르면서 아래로 당긴다
② 손으로 클립을 잡아당겨 스트랩을 제거한다
③ 부착할 때는 클립을 '딸깍' 소리 날때까지 밀어 넣는다

손잡이에 스트랩을 탈부착하는 방법

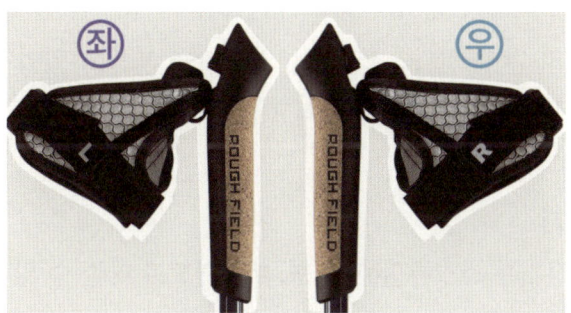

노르딕워킹 폴의 스트랩 착용

하지만, 고령자의 경우는 스트랩 사용을 심각하게 고려해야 한다. 스트랩이 혈액순환을 좋게 하고 손동작을 자연스럽게 해주는 좋은 기능을 하지만 노인들의 경우는 스트랩을 착용한 상태에서 낙상시 손목 골절

의 가능성이 매우 높다.

그래서 보행 안정성이 떨어지는 고령층을 대상으로 수업할 때는 그립 앤 릴리즈(grip and release) 동작을 통한 상지 혈액순환 개선 효과보다는 낙상시 연쇄적으로 발생되는 건강상의 불이익이 더 크기 때문에 스트랩을 착용하지 않는 것이 원칙이다.

3) 샤프트(폴대)
샤프트는 노르딕워커의 체중을 분산시켜주는 중요한 기능을 한다. 때문에 샤프트의 강도와 잠김장치의 안전성이 가장 중요하다.

꺾이거나 부러지지 않아야 하고 2단 이상의 접이식 폴의 경우 이음새가 풀리지 않아야 한다. 초기에는 알루미늄 제품도 있었지만 지금은 듀랄루민이나 카본 재질로 제작되고 있다.

4) 잠금장치
폴의 잠금장치는 스크류형, 레버형, 버튼형으로 나눌 수 있다.

① 스크류형 : 커튼 봉처럼 돌려서 길이 조절을 하는 형태다. 일반적인 물건에서도 널리 쓰이는 방식이지만 가장 불편한 방식이다. 다른 방식에 비해 시간이 많이 걸리고, 장갑을 끼면 꽉 잠그기 어려워서 장갑을 벗어야 할 때가 많다.

특히 겨울철에는 장갑을 끼고 돌려서 잠그면 꽉 잠기지 않고 느슨하게 잠겨서 하산길에 낙상사고로 이어질 수 있다. 또한 잠금 부분이 헐거워지기 쉬워 고장의 주요 원인이다.

등산이나 트래킹 할 때 폴을 풀고 조이는데 시간이 걸리면 얼마나 걸리겠냐 싶지만 산지에서는 길이를 조절해야 할 경우가 많은데 이 시간이 꽤 불편하다. 3가지 조임 방식 중 가장 오랫동안 써오던 방식이지만 지금은 저가형 모델에서 주로 쓰인다.

② 레버형 : 레버를 젖혀 푸는 방식으로 한번 동작으로 고정할 수 있어서 쉽고 빠르다. 레버 방식도 안테나처럼 폴대를 겹쳐서 길이를 조정하는데 잠금 강도를 조절하는 나사가 있다. 샤프트 본체를 돌리는 것이 아니라 나사를 돌려서 1차 잠금하고 레버를 눌러서 최종 잠금한다.

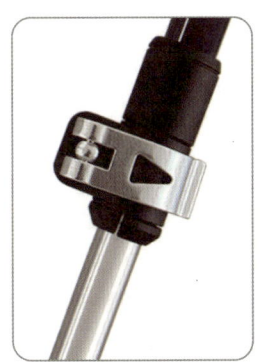 

플립락 잠금장치

③ 텐션코드형 : 각 단 사이에 텐션 코드로 연결하며 한번에 여러 단을 펼치고 접을 수 있다. 블랙다이아몬드 Z폴, LEKI 마이크로바리오처럼 한번에 펼쳐지고 작은 버튼으로 고정해서 편리하다.

5) 러버

도심의 아스팔트, 보도블럭, 시멘트 포장도로에서는 쇠로 만들어진 촉(칩, 스파이크)은 미끄럽고 끌거나 지면에 접촉하면 불쾌한 소리가 난다. 러버의 용도는 촉이 포장도로와 접촉할 때 나는 귀에 거슬리는 소리를 없애주고 지면과 마찰력을 높여주는 역할을 한다.

폴의 러버는 칩에 단단하게 끼워져 있어야 한다. 러버가 스파이크에서 떨어지면 체중을 실은 상태에서 갑자기 미끄러지며 크게 넘어질 위험이 있다.

6) 금속 칩(촉, 스파이크)

대부분 쇠로 뾰족하게 마감 처리되었으며 부주의시 사고의 원인이 되기도 한다. 스파이크 팁은 맨땅 산책로용이며 고무 러버는 포장된 도로용이다. 고무 러버는 고정 상태를 유지할 수 있을 만큼 안정적이어야 하지만 금속 스파이크를 사용시 쉽게 제거할 수 있어야 한다.

7) 바스켓

바스켓(스노링)은 원래 눈에 깊숙이 들어가지 않도록 하는 역할을 한다. 하지만 눈이 없는 곳에서도 폴이 바위 틈새나 데크로드 같은 곳에 끼지 않도록 막아주므로 항상 장착해서 사용하는 것이 좋다.

8) 폴의 길이 피팅

폴 길이는 상체와 하체의 유기적인 발란스를 잡아주고 체중분산과 지면 반력을 제대로 이용하기 위해서 매우 중요하다. 보통 폴의 권장 길이는 본인의 키 × 0.7이다.

예를 들어 키가 165cm라면 165 × 0.7 = 115cm가 적합하다. 또 다른 방법으로는 폴의 손잡이를 잡고 팔꿈치를 옆구리에 붙인 상태에서 80~85도로 만들어 스틱의 끝이 지면에 닿으면 된다.

노르딕워킹관련 원서를 번역한 교재는 폴 손잡이를 잡은 상태에서 엘보우 각도가 90도 되어야 한다고 강조한다. 하지만 이것은 어디까지나 다리 길이가 긴 유럽인들에 한해서 적용되는 것이다.

우리나라처럼 동양권에서 폴 손잡이를 잡은 엘보우 각도를 90도까지 올려서 폴을 길게 잡고 걷는다면 폴을 지면에 찍고나서 팔을 뒤로 뻗는 동작이 불가능해진다. 폴을 잡은 팔꿈치각도는 90도보다 적은 80~85도 정도가 적당하다. 중요한 것은 팔꿈치 각도가 90도가 넘지 않아야 한다.

7. 노르딕워킹 신발

걷기는 스트레스 없이 건강을 유지하는 쉬운 방법이다. 다른 운동과 마찬가지로 올바른 장비를 갖추는 것이 중요하다. 걷기에는 신발이 중요한 장비라고 할 수 있다. 더구나 노르딕워킹에서는 신발이 큰 역할을 하는 만큼 매장에서 신어보고 잘 맞는 신발을 선택하는 것이 좋다.

기본적인 체크 사항은 다음과 같다.
첫째, 발가락 부분이 약간 넉넉한 신발을 선택한다. 이렇게 하면 발가락이 지나치게 조이는 느낌 없이 편안하게 움직일 수 있다.
둘째, 신발의 중창(신발 윗부분과 트레드 사이)이 쿠셔닝 소재로 되어 있는지 확인한다.
셋째, 충격으로부터 발을 보호하기 위해 편안한 깔창이 있는 신발을 선택한다.
넷째, 꼭 맞는 힐 카운터로 발뒤꿈치를 지지하는지 확인한다. 신발의 이 부분은 발뒤꿈치 뒤쪽을 편안하게 감싸야 한다.

힐 카운터가 내 발에 맞으면 걸을 때 발이 내전 되거나 회외되는 것을 방지하는 데 도움이 될 수 있다.

> ■ 내전
> 발뒤꿈치가 바깥쪽을 향하고 걸을 때 체중의 대부분이 발 안쪽에 쏠리는 것을 의미한다.
>
> ■ 회외
> 발뒤꿈치가 안쪽을 향하고 걸을 때 대부분의 체중이 발 바깥쪽에 가해지는 것을 의미한다.

다섯째, 신발의 발가락 부분을 눌렀을 때 뒤꿈치가 많이 들리는 신발을 선택한다.
바른 보행을 규정하는 것 중 하나가 정면과 뒤쪽에서 봤을 때 발바닥이 많이 보이는 것이 좋다.

달리 표현하면 뒤꿈치가 지면에 닿을 때 발가락을 무릎 쪽으로 많이 들어 올리고, 엄지발가락이 지면을 누르고 앞으로 나갈 때도 뒤에서 봤을 때 발바닥이 많이 보이는 것이 좋다.

이렇게 앞에서나 뒤에서 볼 때 발바닥이 많이 보이는 걸음은 발목의 굴곡과 신전 범위를 충분히 확보하고 발바닥을 구르기 위해서는 신발 자체 발구름 각도가 큰 것을 선택해야 한다.

노르딕워킹에 부적합한 부츠형 신발

여섯째, 부츠형 등산화는 피한다.

노르딕워킹은 일반보행에 비해서 보폭은 넓고 발뒤꿈치부터 발가락까지 지면을 롤링하면서 걸어야 한다. 즉, 발목의 굴곡과 신전 각도가 일반보행보다 커진다. 그런데 그림처럼 부츠형 신발은 탑라인이 발목보다 높은 정강이 뼈까지 올라온다. 이 경우 발목관절의 가동범위를 좁히게 되고 발가락의 지면반발력을 감소시키는 원인으로 작용하게 된다. 그래서 노르딕워킹에서는 신발은 폴(pole) 못지않게 주의해서 선택해야 한다.

8. 노르딕워킹 복장

노르딕워킹 복장은 기온에 맞는 통기성과 보온성이 좋은 옷을 착용한다. 그렇다고 너무 헐렁한 옷은 좋지 않다. 노르딕워킹은 춥고 비가 오는 날씨에도 가능한 운동이다. 따라서 '어니언 스킨' 접근 방식을 권장한다. 몸에 꼭 맞고 가벼운 옷을 여러 겹 입는 것이 좋다. 옷을 이렇게 입으면 날씨와 온도에 맞게 옷을 조절할 수 있다.

'어니언 스킨 효과'가 작동하는 방식은 다음과 같다. 제일 속에 입을 옷은 몸에 꼭 맞고 폴리에스테르같은 통기성 소재가 좋다. 이 옷의 목적은 땀을 흡수하여 그 위에 입은 옷으로 전달하는 것이다.

옷을 이렇게 입으면 여러 겹의 옷 사이에 있는 공기가 몸을 따뜻하게 하는 데 도움이 된다. 두 번째 옷은 극세사로 만든 것을 권장한다. 면 소재는 좋은 선택이 아니다. 제일 안쪽 옷은 땀을 흡수하지만 다음 층의 옷에는 흡수되지 않는다. 결과적으로 몸이 차가워지고 체온이 떨어진다.

바람은 체온을 가장 빨리 떨어트리기 때문에 재킷은 방풍 기능이 있어야 한다. 그리고 옷이 너무 두꺼우면 열이 쌓일 수 있다.

2장 출처 : 안드레아스 빌헬름, 크리스티안 노이로이터, 로지 미터마이어(2010). 김희상 역 〈노르딕워킹 테크닉〉, 서울 : 북앤월드 출판사.

Vasilis Kontis, James E Bennett, Colin D Mathers, Guangquan Li, Kyle Foreman(2017). Future life expectancy in 35 industrialised countries: projections with a Bayesian model ensemble, VOLUME 389, ISSUE 10076, P1323-1335, APRIL 01, 201 Open Access Published:February 21, 2017.DOI:https://doi.org/10.1016/S0140-6736(16)32381-9PlumX Metrics

3장
노르딕워킹 즐기기

낯선 것에는 설레임이 있다.
그 마음으로 시작 해 볼까요?

1. 노르딕워킹을 위한 스트레칭

1) 스트레칭의 개념

스트레칭은 근육의 수동적인 저항력으로 작동한다. 힘을 계속 쓰면 근육이 경직되고 가동 범위는 줄어든다. 하지만 유연성 자체가 스트레칭의 최종 목적이 아니다. 유연할수록 움직임에도 도움이 되지만 일정 수준을 넘어서면 오히려 운동수행에 필요한 힘을 발휘하지 못할 수도 있다.

요약하면 근육의 스트레칭은 운동능력을 증가시키기도 하고 감소시키기도 한다. 따라서 스트레칭을 올바르게 이용하기 위해서는 세심한 주의가 필요하다.

평소에 운동을 자주 하는 사람의 경우 근육의 유연성은 운동에 사용하는 근육들의 가동 범위보다 약간 더 높은 수준으로 유지하는 것이 적정하다.

2) 스트레칭, 언제 해야 하는가?

스트레칭의 시기는 아래와 같이 구분할 수 있다.

첫째, 워밍업(warming up)
워밍업 스트레칭은 항상 가벼운 수준으로 진행해야 한다. 워밍업에서 과도한 스트레칭은 오히려 운동수행력을 떨어뜨리는 원인이 될 수 있다.

둘째, 세트와 세트 중간
운동을 하는 중간에 스트레칭을 하면 아래와 같이 상반되는 결과가 나올 수 있다(프레데릭 데리비에, 마이클 건딜, 2014).

<u>운이 좋다면 근력을 빨리 회복할 수 있다.</u>
<u>운이 나쁘면 근력이 빨리 손실된다.</u>

이처럼 극단적인 결과는 운동 중에 생기는 근육의 피로도에 따라 달라진다. 초반의 세트를 수행하는 사이에 스트레칭을 하면 근피로 회복에 도움이 될 수 있지만, 그 다음 세트들 사이에 하는 스트레칭은 역효과가 나타날 수 있다.

셋째, 운동을 마친 후 워밍다운(warming down)
운동 후 체온이 올라가 있는 상태는 스트레칭을 하기에 적합한 때라고 할 수 있다. 일시적으로 운동수행력이 감소하는 상황이 생기더라도 전혀 손해 볼 일이 없기 때문이다.

한 가지 주의해야 할 점은 근육이 너무 유연하면 장기적으로는 운동 수행에 악영향을 줄 수도 있다. 따라서 과도한 스트레칭은 삼가고 부상을 예방하기 위해 적당한 가동범위를 유지하도록 한다.

노르딕워킹을 하기 전에는 스트레칭에 특별히 신경을 써야 한다. 노르딕워킹의 동작을 살펴보면 스트레칭의 필요성을 이해할 수 있다.

첫째, 일반보행보다 보폭은 넓고 보간은 좁다. 즉, 고관절의 가동 범위(가동성)가 커지고 장요근이 충분히 동원(유연성)되어야 안정적인 동작을 할 수가 있다.

둘째, 굽히는 근육보다는 펴는 근육을 더 많이 사용한다. 우리는 일상생활에서 상완삼두근과 전경골근 같은 펴는 근육은 많이 사용하지 않기 때문에 길이가 짧아져 있다. 노르딕워킹의 동작은 이러한 근육들을 주동근으로 사용한다.

셋째, 발목관절을 많이 사용한다. 발뒤꿈치부터 닿고 엄지발가락으로 지면을 힘차게 누르면서 앞으로 나간다. 이 동작은 발목관절의 가동 범위를 크게 하고 장단지 근육과 전경골근의 사용을 필요로 한다.

넷째, 손은 폴을 잡았다가 놓기를 반복하고 팔은 앞뒤로 계속 뻗기 때문에 승모근이 동원되고 상체와 뇌로 가는 혈류량이 많아지게 된다.

다섯째, 투 스텝, 쓰리 스텝, 홉 스텝은 발목관절이 앞뒤로 롤링이 크게 일어난다. 특히 홉 스텝처럼 엄지발가락의 지면 반발력이 크지고 다이나믹한 연속 동작에서는 아킬레스건이 위축된 상태라면 파열될 위험성이 높아진다.

위에 설명한 다섯 가지 동작을 리드미컬하고 안정적으로 하기 위해서는 관절과 근육, 힘줄, 인대가 부드러워야 한다. 이런 이유로 노르딕워킹을 시작하기 전에는 스트레칭을 충분히 해야 한다.
아래에 소개하는 노르딕워킹 폴을 이용하는 스트레칭을 운동 전·후 반드시 실시해야 한다.

QR코드를 스캔하면 폴 스트레칭 동영상을 볼 수 있다.

폴스트레칭 동영상
한국걷기노르딕워킹협회(2024)

2. 노르딕워킹의 손동작과 팔동작

일반 보행과 차이점 중의 하나가 손과 팔동작이다. 앞쪽으로 뻗은 팔의 손은 폴을 꽉 움켜잡아야 하고 뒤쪽으로 뻗은 팔의 손은 폴을 놓고 다섯 손가락 전부를 쫙 펴야 한다.

노르딕워킹 강사들이 초보자를 강습할 때 폴 손잡이를 잡고 놓을 때(그립 앤 릴리즈) 주의해야 하는 것이 있다. 폴로 지면을 밀고 난 뒤에 폴 손잡이를 놓은 손의 손목 각도를 그림처럼 꺾으면 안된다. 하지만 많은 지도자들은 손바닥을 땅바닥으로 향하도록 손목을 꺾도록 가르치고 있다.

필자도 노르딕워킹 입문 당시에 손바닥이 지면으로 향하도록 손목을 꺾어야 한다고 배웠다. 그 이유는 4족 보행의 논리를 빌어서 걸을 때 발바닥이 지면을 향하는 것처럼 노르딕워킹에서는 폴을 잡은 손이 발 역할을 하기 때문에 손바닥이 땅으로 향해야 한다는 설명이었다.

그런데 인체 역학이나 운동 기능학적으로 볼 때 관절을 의도적으로 꺾으면 안된다. 팔은 손목과 팔꿈치 사이에 요골과 척골이라는 뼈가 있는데 손등이 위로 향할 때 팔은 손목관절과 각을 이루어 꺾이게 된다.

 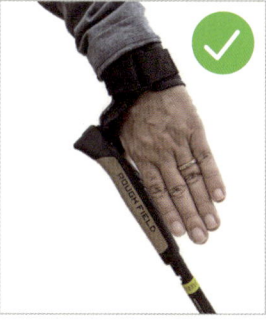

그립을 놓고 손을 펴는 올바른 동작(우측)

이처럼 관절이 꺾이면 손목터널의 공간이 좁아져 혈액순환을 방해하고 피로감이 쌓이며 힘줄과 신경이 압박을 받고 이 상태가 오래 지속되면 "손목터널증후군"을 초래하게 된다. 따라서 손목이 꺾이지 않도록 최대한 곧게 유지해야 한다.

오른손과 왼손이 계속해서 번갈아 가면서 폴을 잡고 놓기를 반복하기 때문에 입문자의 경우 이 동작이 쉽지 않다. 새로운 폴에 익숙해지는 동안, 폴을 손에 가볍게 쥐고 걷는다. 이는 정상적인 보행 방식으로 노르딕 워킹을 시작하는 데 도움이 되며 폴이 손에 자연스럽게 느껴질 때까지 걷는다.

양손을 교차로 그립을 잡고 놓는 동작은 신경계 발달이 왕성한 어린 학생들은 금방 익숙해진다. 하지만 노인들은 익숙해지기까지 어느 정도 시간이 걸린다. 어쩌면 2~3일 혹은 더 많은 시간이 걸릴 수도 있다.

노인들의 경우에는 이 동작이 익숙해질 때까지 폴 없이 맨손으로 연습하는 것도 좋다. 어깨는 힘을 빼고 편안하게 아래로 떨어뜨린 상태로 팔을 흔들 때 팔꿈치 안쪽이 옆구리를 스치듯이 몸 가까이 붙인다. 팔이 앞으로 왔을 때 손의 높이는 우리가 일상에서 상대방과 악수하는 높이가 적당하다.

3. 팔을 뒤로 밀어내는 동작이 어려운 이유

초보자들이 가장 어려워하는 동작이 폴을 지면에 누른 후 팔을 뒤로 충분히 뻗지 못하는 것이다. 그 이유를 알아보고 해결 방법을 제시한다.

첫째, 적당한 폴의 길이는 자신의 키 × 0.7이다. 폴 길이가 이 값보다 길거나 짧으면 어깨 가동성이 떨어진다. 폴의 길이가 짧으면 상체를 굽히게 되고, 폴의 길이가 길면 팔을 뒤로 뻗어 밀어낼 수 없게 된다.

둘째, 긴장하고 있다. 심리적으로 긴장하면 근육은 수축하고 힘이 들어간다. 긴장을 풀고 몸에 힘을 뺀다. 사실 초보자에게 이것이 제일 어렵다. 낯선 폴을 양손에 잡은 상태에서 양손을 교차하면서 그립을 잡고 놓고를 반복하는 것은 쉬운 일이 아니다.

셋째, 보폭이 좁다. 보폭이 좁으면 발의 지면 착지가 빨라지고 팔을 흔드는 가동 범위도 좁아진다.

이 상태로는 팔은 뒤로 크게 밀어내기가 어려워진다. 그리고 폴은 앞발과 뒷발 사이에 꽂기 때문에 평소 보행보다 보폭을 넓게 유지해야

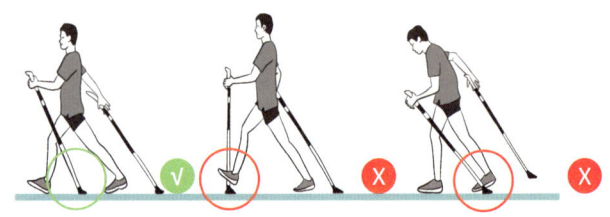

폴은 앞발과 뒷발의 중간지점에 꽂아야 한다

한다. 노르딕워킹의 적정한 보폭은 자신의 키 × 0.45다. 파워워킹 시 보폭은 자신의 키-100을 하지만 노르딕워킹의 보폭은 파워워킹 보폭보다 조금 더 넓게 해야 한다.

넷째, 폴의 각도가 55~65보다 작거나 크다. 지면과 폴의 각도가 55도보다 작으면 상체를 숙이게 되어 팔을 후방으로 밀어낼 수 없게 된다. 또 각도가 65도보다 크면 폴 손잡이를 잡고 있는 상태에서 팔을 엉덩이 뒤로 보내고 팔꿈치를 길게 뻗는 것이 불가능해진다.

상체와 뒤쪽 다리 무릎을 곧게 편다

다섯째, 지면반력을 이용하지 않는다. 지면반력을 이용하면 몸은 폴과 엄지발가락이 지면을 누르는 각도로 빠르게 앞으로 나아간다.

폴을 힘주고 밀어내는 순간 동시에 발뒤꿈치-발바닥-엄지발가락 순으로 리드미컬하게 발 구름을 하되 마지막에 엄지발가락으로 힘차게 밀어 준다.

4. 노르딕워킹 스텝

노르딕워킹은 폴을 이용한다는 특징이 있지만 기본적으로 걷기로부터 시작된 것이다. 노르딕워킹을 잘하기 위해서는 기본적으로 걷기 바른 자세를 이해하고 실행해야 한다.

바르게 서지도 못하는 사람이 어떻게 바르게 걸을 수 있겠는가? 이런 관점에서 노르딕워킹을 잘 하려면 먼저 일반 보행시 바른 자세로 걸어야 한다.

이 글에서는 일반 보행시 바른 자세는 생략하고 노르딕워킹에 한정해서 기술한다.

1) 스텝 종류
노르딕워킹의 스텝 분류는 폴을 지면에 한번 찍을 때 이동하는 발걸음 수를 기준으로 한다. 원스텝, 투스텝, 쓰리스텝, 포스텝으로 나누고 착지 방법이 다른 홉스텝이 있다.

홉스텝은 점프 형식의 스텝으로 점프한 발로 착지한 후 다시 그 발로 점프하는 스텝이다. 육상의 삼단뛰기에서 볼 수 있다. 오른발로 점프한 후 그 오른발로 내려온 후 다시 오른발로 점프를 시도하는 스텝이다. 단거리를 빠르게 달려야 할 경우 사용한다.

2) 계단

노르딕워킹 폴을 가지고 계단을 오를 때는 양쪽 폴을 내딛는 첫발보다 한 계단 위쪽에 놓고, 내려 올 때는 첫발보다 한 계단 아래쪽에 놓는다. 걸음 수는 평지에서 포 스텝과 같이 폴을 한번 찍고 네 걸음으로 오르거나 내려간다.

올바른 계단 오르기 자세는 발끝을 11자로 하고 계단에 발바닥 전체를 올리지 말고 앞쪽의 1/2만 올려서 발바닥 아치의 탄력을 이용해서 올라간다. 하지만 다리 근력이 약하고 균형감각이 떨어지는 노인들은 발의 앞부분만 계단 턱에 대고 계단을 오르면 낙상의 위험이 따른다.

그러므로 고령자는 발바닥 전체로 계단을 딛고 난간이 있을 때는 무조건 난간을 잡고 오르내리는 것이 바람직하다. 엉덩이를 뒤로 빼지 말고 몸을 반듯하게 세운 상태에서 무게중심을 약간 앞으로 이동시킨다.

계단을 오를 때 다리를 들어 올리면 대퇴사두근과 전경골근이 동원되어 몸이 위로 향하게 된다. 동시에 대퇴이두근(햄스트링)과 종아리의 가자미근은 무릎을 고정시키는 역할을 한다. 그리고 척추기립근과 둔근(엉덩이 근육)은 몸이 앞으로 쏠리는 것을 막아준다.

이처럼 계단 오르기는 허리와 다리 부위의 주요 근군들이 모두 동원된다. 만약에 이 근육들이 약해져서 중력을 이겨낼 수 없는 상태라면 계단은 엄청난 장애물이 될 것이다.

계단을 오를 때, 노르딕 폴을 사용하면 체중 분산으로 인해 위에서 언급한 주요 근육들에게 가해지는 부담은 줄어들고 근활성도는 증가하게 된다. 즉, 계단 오르기에서 폴을 사용하면 우리 몸에 부담을 주지 않는 상태에서 근육들을 자극하고 발달시킬 수 있다.

3) 오르막
오르막을 올라갈 때는 쓰리 스텝을 메인 스텝으로 이용하면서 원 스텝, 투 스텝, 포스텝을 병행하는 것이 좋다. 쓰리 스텝으로 오르막을 오를 때 폴은 평지처럼 55~65도를 기울인 상태에서 하나에 지면에 꽂고 둘에 팔을 뒤로 힘차게 밀면서 올라간다.

4) 내리막
내리막을 내려올 때는 계단 내려올 때처럼 폴을 발보다 앞쪽의 지면에 꽂고 포 스텝으로 내려온다. 내리막에서는 폴에 체중을 의지해야 하는 상황이 이어지기 때문에 길이와 잠금 상태를 다시 한번 점검해야 한다.

만약 내리막이 가파르고 길게 이어진다면 출발 전에 폴의 길이를 2cm 정도 길게 늘여야 한다, 그리고 폴이 밀려들어 짧아지지 않도록 잠금 상태를 반드시 확인해야 한다.

모든 스텝에서 공통점은 발뒤꿈치부터 지면에 닿고 발바닥에서 발가락으로 롤링하듯 누르면서 리드믹컬하게 앞으로 나간다. 마지막으로 지형에 따라 무릎 동작을 요약하면 다음과 같다.

- 평　지 : 무릎을 편다
- 오르막 : 무릎을 들어 올린다.
- 내리막 : 골반과 함께 무릎을 약간 굽힌다.

5. 산림치유와 노르딕워킹

산림이 발달한 내륙지역에서는 숲치유 프로그램에 노르딕워킹을 접목하고 있다. 산림치유는 숲에 존재하는 다양한 환경요소를 활용하여 신체적, 정신적 건강을 회복시키는 활동이며 질병 치료행위가 아닌 건강유지증진을 돕고 면역력을 높이는 치유활동이다(산림청, 2024).

산림치유는 경관, 피톤치드, 음이온, 산소, 소리, 햇빛과 같은 치유인자들이 인체에 반응하여 면역력을 높이고 건강을 유지증진하는 일련의 활동이라 할 수 있다.

노르딕워킹은 산림치유지도사들에게 요구되는 여러 가지 역량 중에서도 필수요건으로 손꼽히고 있다. 그래서 매년 실시하는 직무교육에서 노르딕워킹 실습이 자리 잡아 가고 있다.

우리나라 국토는 ⅔가 산악지형이라 집에서 한시간 이내 산에 닿을 수 있기 때문에 산을 찾는 사람들은 해마다 증가하고 있다. 2023년 1월 12일 문화체육관광부 보도자료에 따르면 등산은 2020년부터 2022년까지 걷기, 보디빌딩에 이어 세 번째로 많이 하는 체육활동이었다.

숲치유 인자와 함께하는 숲속 노르딕워킹

이처럼 많은 사람들이 산을 찾지만 무리한 산행은 오히려 몸을 망칠 수 있기에 산행 전 전문지식을 익혀 둘 필요가 있다.

우리가 산에 가더라도 굳이 정상까지 오르지 않아도 얼마든지 등산의 건강상 효과를 얻을 수 있다. 약간의 경사면 지형이 있는 둘레길을 오르고 내리면서 걸을 때 고혈압, 당뇨, 이상혈중지질의 개선에 도움이 된다.

KBS〈생로병사의 비밀〉제작팀(2022)의 실험에 의하면 산행 참가자들의 가장 눈에 띄는 변화는 혈압과 혈당이 감소한다고 했다. 산행으로 말초혈관 저항성이 떨어지고 산화질소와 프로스타글란딘과 같은 물질이 나와서 혈관을 확장시켜서 혈압이 떨어진다고 한다.

우리가 섭취하는 음식은 글루코겐, 글루코스, 포도당으로 분해되어 몸속 장기와 조직에 쓰이고 마지막으로 근육세포에서 근육의 에너지원으로 사용된다. 근육은 체내 전체 포도당의 ⅔를 흡수한다. 근육이 가장 많은 신체부위는 허벅지다.

따라서 허벅지 근육량이 증가하고 발달하면 혈중 포도당 수치가 낮아진다. 오르막 내리막을 걷는 산행은 허벅지 근육을 단련하는데 좋은 운동이기 때문에 꾸준히 하면 혈당수치가 감소하는 효과를 볼 수 있다.

그런데 울퉁불퉁한 산길을 걷다 보면 발목이나 무릎에 무게가 한쪽으로 쏠리는 현상이 나타나면서 충격이 가해진다. 특히 가파른 경사면을 내려올 때는 많은 힘이 관절에 가해지기 때문에 관절 손상이 발생하기도 한다. 이 경우, 노르딕워킹 폴을 사용하면 이러한 손상을 예방할 수 있다.

내리막길에서 폴 사용은 낙상과 무릎손상을 예방하는데 효과적인 것으로 알려져 있다. 폴 사용 유무에 따른 무릎이 받는 충격을 알아보기 위해 평지 걷기, 내리막 걷기, 폴을 사용해서 내리막 걷기를 비교한 실험 결과, 체중 대비 무릎 부하는 내리막에서 폴을 사용했을 때가 가장 낮았다.

놀라운 점은 내리막에서 폴을 사용하면 평지를 걸을 때보다 무릎 부하가 더 적었다는 점이다. 폴은 체중을 분산시키고 낙상 위험도 예방하는 효과가 있음을 증명 하였다.

이렇게 내리막에서 폴을 사용할 경우 각별히 주의해야 한다. 폴을 잡은 팔꿈치의 각도는 90도를 유지하고 폴 2개를 동시에 짚고 한발씩 내려간다. 이때 폴에 체중을 전부 실으면 안된다. 만약 폴의 잠금장치가 풀리거나 느슨해져서 폴 길이가 짧아지면 중심을 잃고 앞으로 곤두박질치게 된다.

6. 해양치유와 노르딕워킹

숲에서 걸으면 피톤치드, 음이온, 새소리, 나뭇잎이 바람에 스치는 소리, 향기 등 치유인자가 우리 몸에 이로움을 준다면, 바닷가에서는 해풍, 파도소리, 바닷물의 미네랄 성분, 음이온 등이 풍부해서 건강에 도움이 된다.

최근에는 바다와 접해있는 해안 지역에서는 해양치유 목적으로 아쿠아 노르딕워킹을 활용하고 있다. 얕은 바닷가의 물살과 파도, 모래가 치유자원으로 활용되고 있다.

전남 완도, 경남 남해, 부산 등 해수욕장을 끼고 있는 지역에서 도보 관광과 치유 복합형 해양치유 사업을 기획·운영하고 있는데 여기서 필수 프로그램이 노르딕워킹이다.

발목 높이의 물속에서 걷는 것이 가장 이상적이다. 이때 파도가 치면서 발생하는 물살은 균형감각을 기르는데 도움이 되고 발이 푹푹 빠지는 모래는 맨땅보다 근육을 더 많이 사용하기 때문에 근력 강화에도 도움 된다.

그리고 지면반력은 맨땅에 비해서 모래사장에서는 상대적으로 약해진다. 충격이 줄어드니 관절에 가해지는 압력도 감소 된다. 바다 모래 위에서 하는 노르딕워킹은 관절에 부담은 줄고 근육은 더 많이 사용하기에 운동량은 훨씬 많고 체력은 더 좋아진다.

해안 모래사장에서 노르딕워킹을 할 때 한 가지 유의해야 할 점이 있다. 모래 특성상 폴이 쑥쑥 들어간다. 이 상태에서 폴 길이를 일반 평지와 같게 한다면 상체가 앞으로 숙여지고 지면반력을 제대로 이용하지 못한다. 따라서 일반 땅에 비해서 금방 피곤해진다. 따라서 모래사장에서는 폴의 길이를 2~3cm정도 더 길게 해야 한다.

사회변화에 따라서 자연환경을 치유 자원으로 활용하는 보조요법이 늘어나고 있다. 해양치유, 산림치유, 치유농업, 원예치유 등이 대표적이다.

해양 치유 목적으로 실행되는 해안 노르딕워킹도 실제로 얕은 바닷가에서 보행훈련을 한 뇌졸중 환자의 훈련 효과를 전후로 비교한 결과, 보행속도와 균형 기능이 향상된 것으로 확인되었다.

김성수와 김태수(2024)는 12명의 노인을 대상으로 해변 모래사장에서 노르딕워킹을 주 2회 8주간 실시 후 다음과 같은 결론을 제시했다. 해안에서의 노르딕워킹이 노인의 심박수, 호흡수, 칼로리소모량에 유의한 개선을 가져왔고, 보행속도는 빨라지고 보폭은 늘었났다고 했다.

최근 지방과 국가정책 기조 중의 하나로 해양 치유가 있으며, 해양수산

해안 모래사장에서 즐기는 아쿠아 노르딕워킹

부에서 해양치유를 활성화하기 위한 제도, 해양 치유센터, 연구, 전문 인력 양성을 단계적으로 추진하고 있다.

최종적으로 해양생물, 갯벌, 해수 등 해양 치유자원을 활용한 재활 치료, 피부미용 및 근골격계질환 완화, 스트레스 해소 및 피로 회복 등 국민들이 실질적으로 이용할 수 있는 해양치유 프로그램을 계획하고 있다.

모래 해변은 일반적으로 쉽게 이용할 수 있고 자연적이며 비용이 들지 않아 사람들이 쉽게 접근할 수 있다. 우리나라는 삼면이 바다로 둘러싸여 있어서 접근성이 좋을 수 있다. 하지만, 치유 효과에 대해서 맹신하기보다는 실험을 통하여 과학적이고 의학적으로 검증하고 치유 사례를 발굴하고 공유한다면 건강유지증진을 위한 보조요법으로 활용성은 점점 확대될 것이다.

7. 신발걷기, 맨발걷기, 노르딕워킹 비교

걷기는 가장 간단하면서도 누구나 실천할 수 있는 효과적인 운동으로, 신체 건강을 증진하고 마음의 평화를 찾는 데 탁월하다. 특히 걷기는 신발을 신거나 맨발로 하거나, 노르딕워킹처럼 도구를 활용하는 등 다양한 방식으로 즐길 수 있다. 각 방식은 고유한 장단점을 가지고 있다. 여기에서는 신발 걷기, 맨발 걷기, 그리고 노르딕워킹의 특성을 살펴보고자 한다.

1) 신발 걷기

신발 걷기는 일반적으로 운동화, 러닝화, 트레킹화 등 다양한 신발을 착용하고 걷는 방식이다.

> **장점**

- 발 부상 위험을 줄인다.
- 포장 도로, 산길, 트랙 등 다양한 지면에서 안정적인 걷기가 가능하다.
- 쿠션과 아치 지지 기능이 발과 다리의 피로를 줄이고 관절에 가해지는 충격을 완화한다.
- 러닝화, 트레킹화 등 특정 운동이나 활동에 맞게 설계된 신발을 선택할 수 있어 효율적인 운동이 가능하다.

- 고무 밑창 등으로 미끄러짐을 방지하여 안전한 걷기가 가능하다.
- 대사증후군이 개선되고, 전신 근육량이 유지된다.

단 점

- 신발이 발을 지나치게 보호하면 발바닥 감각과 근육 사용이 줄어 자연스러운 움직임이 제한될 수 있다.
- 신발이 젖거나 손상되면 걷기가 불편해질 수 있다.
- 고품질의 신발은 상대적으로 높은 비용이 들 수 있다.
- 발바닥이 땅과 직접 닿지 않으므로 자연적인 감각 자극이 부족하다.
- 부적절한 신발(사이즈, 디자인 등)을 신으면 발 변형, 통증, 또는 만성적인 발 건강 문제를 유발할 수 있다.

신발은 뒤꿈치를 발가락보다 높게 만들고 발가락이 움직일 공간이 없게 만든다. 이러한 신발 구조는 발바닥과 발가락, 발가락 사이 근육을 위축시키고 풋 코어가 내려앉으면서 무지외반증을 일으키는 원인 중 하나로 작용하게 된다(임상원, 홍정심 외, 2024).

2) 맨발 걷기

맨발 걷기는 신발을 신지 않은 상태에서 발바닥이 직접 땅에 닿는 방식으로 걷는 운동이다. 2023년 KBS1TV '생로병사의 비밀'에서 맨발 걷기의 효과에 대해 방영한 이후 전국적으로 맨발 걷기가 열풍이다. 이러한 관심을 반영하여 많은 지자체에서는 '맨발 걷기 활성화를 위한 지원 조례'를 만들고 공공분야에서 체계적으로 지원하고 있다.

> **장점**

- 발바닥의 작은 근육과 인대가 활성화되어 자연스러운 보행 패턴을 되찾고 균형 감각이 향상된다.
- 발로 흙, 풀, 모래를 느끼며 자연과의 연결감을 경험할 수 있다.
- 발바닥의 다양한 부분이 자극되어 건강에 긍정적인 영향을 미친다.
- 신발을 구매할 필요가 없어 경제적이다.
- 맨발 걷기는 체중 분배와 보행 자세를 자연스럽게 조정하여 관절 부담을 줄인다.
- 고유감각 발달을 통한 낙상 예방 효과가 있다.
- 발바닥이 직접 땅과 접촉하면서 자극을 받아 혈액순환과 신경 기능이 개선된다. 또한, 염증 감소와 수면의 질이 개선된다(마틴주커, 스티븐 시나트라, 2011).

> **단점**

- 날카로운 물체, 뜨거운 표면, 또는 거친 지형에서 발바닥이 쉽게 다칠 수 있다.
- 도심의 아스팔트나 오염된 땅처럼 맨발로 걷기에 적합하지 않은 장소가 많다.
- 평소 신발에 익숙한 사람은 처음 맨발 걷기를 시도할 때 발바닥 통증이나 피로를 느낄 수 있다.
- 추운 날씨나 뜨거운 지면에서는 걷기가 어렵다.
- 맨발로 걸으면 먼지, 오염물질에 쉽게 노출될 수 있어 위생 관리가 필요하다.
- 보호 없이 걷는 탓에 장시간 걷기 시 발의 피로도가 더 빨리 증가할 수 있다.

3) 노르딕워킹

노르딕워킹은 폴을 양손에 들고 상체와 하체를 동시에 활용하며 걷는 운동이다. 최근 노르딕 워킹은 전신 운동으로서 큰 주목을 받고 있으며, 여러 건강상의 이점을 제공한다. 이 운동은 상체와 하체를 모두 사용하여 최대 90%의 근육을 참여시키며, 전통적인 걷기보다 더 효과적인 체력 증진과 칼로리 소모를 자랑한다. 또한, 나이와 체력 수준에 관계 없이 누구나 쉽게 실천할 수 있는 운동으로, 특히 고령자나 신체 조건이 제한적인 사람들에게 유용하다.

사회적 활동으로서의 측면도 부각 되며, 많은 지역 사회에서 노르딕 워킹 그룹을 조직하여 운동을 배우고 사람들과 소통하는 기회를 제공한다. 이 운동은 최근 심장 재활 환자들에게 고강도 인터벌 트레이닝보다 더 나은 효과를 보인다는 연구 결과로 더욱 인기를 끌고 있다. 이와 같은 추세는 노르딕 워킹이 건강을 개선하고 전반적인 체력을 증진하는 데 매우 유용한 방법임을 보여준다.

장점

- 상체와 하체를 동시에 사용하는 운동으로, 칼로리 소모가 증가(일반 걷기의 2배)하고 전신 근육을 강화할 수 있다.
- 폴을 사용하여 상체와 하체에 가해지는 충격을 분산시켜 관절에 부담을 줄인다.
- 유산소 운동의 효과가 뛰어나 심장과 폐의 건강을 증진시킬 수 있다.
- 폴을 활용하여 균형을 잡기 쉬워서 노약자나 재활 중인 사람들에게 적합하다.
- 상체 근육을 활용해 운동 강도를 높일 수 있어 빠르게 체력을 증진시킬 수 있다.
- 같은 거리나 시간 동안 더 많은 칼로리를 소모할 수 있어 체중 감량에 도움을 준다.

- 자세(거북목, 라운드숄더, 척추측만) 교정 효과가 뚜렷하다.
- 대사증후군이 개선된다.
- 전신 근육량이 증가하고 전신 유연성이 향상된다.

단 점

- 추가 장비인 폴이 필요하여 휴대하거나 준비하는 번거로움이 있다.
- 올바른 자세와 폴 사용법을 익히는 데 시간이 필요하며, 처음에는 익숙하지 않을 수 있다.
- 적절한 품질의 폴을 구입하려면 추가 비용이 발생한다.
- 올바른 자세로 걷지 않으면 잘못된 운동이 되어 부상의 위험이 있을 수 있다.

자신에게 맞는 걷기 방식을 선택하고 전문가에게 배워 꾸준히 실천한다면, 건강과 행복을 동시에 얻을 수 있을 것이다.

신발 걷기	맨발 걷기	노르딕워킹
장점	**장점**	**장점**
발 보호 기능 다양한 환경 적응 지지력 제공 운동에 특화된 옵션 미끄럼 방지 대사증후군 개선 전신 근육량 유지	발 근육 강화 혈액순환 촉진 자연과의 연결감(심리적 안정) 지압 효과(낙상 예방) 비용 절감 자연스러운 자세 복원 염증 감소, 수면의 질 개선	전신 운동 효과 관절 부담 감소 심혈관 건강 개선 균형 감각 향상 체력 증진 효율적인 칼로리 소모 자세 교정 효과 대사증후군 개선 전신 근육량 증가
단점	**단점**	**단점**
발 근육 활성화 부족 신발 선택의 중요성 환경적 제약 비용 부담 자연과의 연결감 부족	부상 위험 환경적 제약 적응 시간 필요 날씨의 영향 발 위생 문제 체력 부담 증가	폴 필요 기술적인 학습 필요 비용 부담 자세 불량 시 부상 위험

신발 걷기, 맨발 걷기, 노르딕워킹의 장단점

8. 노르딕워킹을 즐기는 체크포인트

노르딕워킹은 폴이라는 전용 도구를 사용하기 때문에 각별한 주의가 필요하며 평상시 보폭보다 넓기 때문에 넘어지는 것에 주의가 필요합니다. 그럼 지금부터 노르딕워킹을 안전하게 즐기기 위해서 체크해야 하는 것들을 알아볼까요?

체크 ❶ 틈새 워밍업을 하자

중간 휴식이 길어진다면 트레킹이나 교육을 재개 할 때마다 반드시 시작 전에 워밍업을 해야 한다. 큰 보폭으로 관절의 가동 범위가 넓어지기 때문에 충분히 스트레칭을 해야 부상을 예방할 수 있다. 그리고 워밍업은 근육의 온도를 올려서 적절한 수축-이완을 준비시키고 심박수를 높이는 데도 도움 된다. 하루 종일 진행되는 실습 교육 현장에서 오후 수업이 시작될 때 워밍업이나 스트레칭을 생략해서는 안 된다.

체크 ❷ 폴 길이를 내 몸에 맞도록 피팅 하자

가장 중요하면서도 종종 잘못 선택되는 요소 중 하나는 폴이다. 폴의 길이가 자신의 키에 맞지 않으면 지속적인 방해가 될 수 있다. 폴이 너무 짧으면 움직임의 폭이 부족하고 허리를 구부리게 되고, 폴이 너무 길면 팔을 뒤쪽으로 밀고 뻗으면서 지면반력을 키우는 추진력이 효과적이지 않고 보행 효율성이 떨어진다. 폴의 적당한 길이는 자신의 키 × 0.7cm로 설정하면 된다.

체크 ❸ 수분 보충을 자주 하자

걷는 동안 물을 마시는 것은 필수다. 노르딕워킹은 일반 걷기에 비해서 동원되는 근육이 많고 관절의 움직임도 크기 때문에 소비 되는 칼로리가 일반 보행의 2배 정도로 알려져 있다. 그만큼 수분 소실이 많다는 의미다. 운동 시간이나 거리에 관계없이 규칙적으로 수분을 공급하는 것은 매우 중요하다. 한여름은 말할 것도 없고 건조한 가을 날씨에도 땀을 많이 흘리면 탈수나 열사병으로 이어질 수 있다.

체크 ❹ 자세를 점검하자

모든 운동이 그렇듯이 노르딕워킹도 나쁜 자세는 운동 후 불편함을 유발할 수 있으며 보행속도를 늦추는 원인이 된다. 정확한 알파(ALFA) 자세를 숙지하고 스텝(원, 투, 쓰리, 포, 홉)을 다양하게 바꿔가면서 걷는 것이 특정 근육의 과사용으로 인한 근육 통증을 예방하는데 도움 된다.

체크 ❺ 팔과 다리 움직임을 리드미컬하게 하자

노르딕워킹은 좌/우 교차하는 팔과 다리를 대칭으로 움직임이기 때문에 힘을 빼고 발 구름 동작에서 약간의 리듬감을 가미하는 것이 좋다.

체크 ⑥ **폴을 잡은 손은 그립-릴리즈를 반복해야 한다**

폴을 땅에 꽂을 때 손잡이를 단단히 잡고 엉덩이 높이에서 그립을 놓아 팔을 뒤로 뻗는 동작이 반복되기 때문에 전체적인 팔동작에서 자신만의 편안하고 익숙한 가동 범위를 확보하는 것이 중요하다. 이를 위해서는 오랜 시간 연습을 하는 것이 유일하다.

폴 손잡이를 계속에서 손에 쥐고 있으면 뒤쪽으로 뻗는 동작이 불편해진다. 폴을 잡은 손이 엉덩이를 지나면 자연스럽게 폴을 놓고 다섯 손가락을 모두 펼치고 다시 팔이 앞으로 왔을 때는 평소 악수하는 높이까지 팔을 들었다가 손잡이를 움켜잡고 폴을 지면에 꽂는다.

9. 노르딕워킹에 적용하는 2:8 법칙

운동은 크게 4가지로 분류한다. 유산소운동, 근력운동, 발란스운동, 스트레칭이다. 여기서 어떤 운동이 제일 중요하다고 단정적으로 말할 수 없다. 나름대로 건강에 미치는 영향이 특화되어 있기 때문이다.

노르딕워킹은 전신 근육의 90%를 사용한다고 하지만 위의 4가지 분류에서는 유산소 운동에 가장 가깝다.

우리가 유산소운동을 할 때는 숨을 헐떡일 정도로 강하게 해야 미토콘트리아의 기능을 젊고 튼튼하게 유지하고 숫자를 늘릴 수 있다(쓰보타 가즈오, 2014).

혹자는 숨이 차지 않는 중간 강도의 운동이 몸에 좋다고 하는데 이런 운동은 비만 예방 효과는 있지만 미토콘트리아 기능은 향상시키지 못한다.

미토콘트리아는 세포 속에 있는 '에너지 생산공장'으로 우리 몸의 에너지가 되는 ATP(아데노신3인산)을 만들어 내는 역할을 한다. 우리가 숨을 헐떡일 정도의 강도로 운동을 하면 미토콘트리아가 ATP 생산하는데 필

〈운동의 4가지 유형〉

운동분류	설명	종류
유산소운동	숨을 헐떡일 정도 운동	속보, 댄스, 달리기 등
근력운동	최대근력의 80%로 하는 운동	웨이트 트레이닝
발란스운동	신체균형감각을 동원하는 운동	에어쿠션, 짐볼 등
스트레칭	경직된 근육을 늘리는 운동	근막이완, 폼롤러, 체조 등

요한 산소가 부족해진다.

이 상황에서 미토콘트리아는 자신의 능력을 최대한 발휘해야만 한다. 미토콘트리아 기능 향상을 위해서 최대심박수의 80% 정도까지 도달할 것을 권고한다.

저자는 강의 때마다 매번 강조하는 것이 있다. 노르딕워킹으로 건강상 효과를 최대치로 올리기 위해서 '2:8 운동 법칙'을 실천하라고 주장한다. 전체 운동시간의 20%는 최대심박수의 80%에 도달할 정도로 고강도로 해야 한다.

이렇게 5개월 이상 운동하면 체력이 최대 20% 향상되고, 고혈압·당뇨·고지혈증·비만이 20% 개선된다. 이런 변화는 결과적으로 의료비를 20% 절감해 준다.

2:8 운동 법칙을 실현하는 가장 간단한 운동법은 인터벌트레이닝이다.

인터벌트레이닝을 세계 최초로 실천한 사람은 전설의 마라톤선수 체코의 '에밀 자토펙'이다. 그는 인터벌트레이닝으로 훈련해서 1948년 런던 올림픽에서 10,000m 달리기, 1952년 헬싱키 올림픽에서는 5,000m와 10,000m달리기에서 금메달을 땄다.

노르딕워킹으로 인터벌트레이닝하는 방법은 간단하다. 전체 운동량(거리 또는 시간)의 20% 정도를 쓰리스텝이나 포스텝, 홉스텝으로 숨이 찰 정도로 빠르게 달리면 된다. 저자가 2:8 운동법칙을 실천하는 방법은 언덕을 올라갈 때 쓰리 스텝으로 뛰어 올라간다.

이렇게 뛰어 올라가서 목표지점에 도달하면 숨을 헐떡거린다. 숨을 헐떡거린다는 것은 몸이 젊어진다는 신호다. 우리가 이렇게 하루 한번씩 짧게라도 고강도로 운동한다면 노화를 지연시키는 효과를 얻을 수 있다.

3장 출처 : 김성수, 김태수(2024). 8주간 도시공원과 해변에서의 노르딕워킹이 노인의 생체신호와 보행변인에 미치는 영향. 고령자 치매작업치료학회지, 18(1).
산림청(2024). 산림치유 용어, 산림청
임상원, 홍정심 외(2024). 인생을 바꾸는 움직임 혁명, 서울 : 아침사과.
프레데릭 데리비에, 마이클 건딜 저, 장덕순 역(2014). 근육운동가이드_프리웨이트, 서울 : 삼오미디어.
한국걷기노르딕워킹협회(2024). 2급 걷기노르딕워킹지도자 양성교육 연수 교재.
KBS 생로병사의 비밀 제작팀(2022). 걷기만 해도 병이 낫는다. 2022. 서울:비타북스.
클린턴 오버, 스티븐 T. 시나트라, 마틴 주커(2011). 어싱, 땅과의 접촉이 치유한다. 김연주 옮김, 서울 : 히어나우시스템.

4장
중력, 근력, 그리고 걷기

중력은 축복의 선물인가? 불행의 씨앗인가?
자연의 힘을 이기는 인간은 없다.
자연의 힘 앞에서는 언제나 나약한 존재다.
아무리 건강하고 강한 사람도 결국에는 중력에게 항복하게 된다.

하지만
생명을 유지하고 살아가는 동안에는
중력을 이겨내는 근력을 가져야 한다.
그래야
인간 본연의 활동적인 삶이 가능해진다.

1. 보행 근력

노르딕워킹을 잘하려면 평소에 폴 없이 걷는 것을 자주 해야 한다. 평소에는 걷지 않으면서 어쩌다 한번씩 폴을 잡고 걷는다면 노르딕워킹을 해서 몸살 났다고 할 것이다. 평소 걷기를 생활화해서 중력에 대응하는 보행 근력을 유지하고 있어야 한다.

무게를 가진 지구상의 모든 물체는 땅으로 떨어진다. 사람도 마찬가지다. 나이가 들수록 서서 걸어 다니는 것보다 앉는 것이 편하고, 앉는 것보다도 눕는 것이 더 편안하다.

사람의 건강은 불편함을 감수할수록 강해진다. 일상생활에서도 편리함과 건강 수준은 반비례하는 경우를 많이 본다. 자동차를 타고 다니는 사람보다는 자전거를 타는 사람이 건강하고, 자전거보다는 걸어 다니는 사람이 더 건강하다.

보행근력을 유지하는 방법은 의외로 간단하다.
첫째, 자가용으로 출퇴근 하는 직장인들도 일주일에 하루 정도는 대중교통+걷기를 이동수단으로 이용해 보자. 이때도 본인이 내릴 정거장보다 한 정거장 전에서 내려 걸어가자.
둘째, 건물내 화장실 사용시 위층과 아래층의 화장실을 이용한다.
셋째, 1시간 간격으로 자리에서 일어나 1~3분 정도 무릎을 높이 들어 올리면서 제자리에서 걸어보자.

노르딕워킹은 전신운동이며 몸 전체 근육의 90%를 사용한다. 이때 평소 사용하지 않는 근육과 관절을 사용하기 때문에 근육통을 경험하게 된다. 이러한 경험은 자칫 운동을 그만두는 원인이 되기도 한다. 따라서 평소에 근력을 강화시키고 관절을 부드럽게 유지하는 운동은 필수다.

이어서 노르딕워킹 동작에서 주로 주동근으로 사용되는 근육과 주변 관절을 튼튼하게 도와주는 운동을 소개한다.

2. 발목 관절 강화 운동

발목 관절은 장딴지와 발을 연결시켜 주는 정강뼈tibia와 종아리뼈fibula의 먼쪽 끝과 목말뼈talus로 이루어졌다.

윤활 관절synovial joint 중에서 경첩 관절hinge joint에 해당하며, 이 발목 관절을 통해 정강뼈에서 목말뼈로 체중이 실린다. 발목 관절을 튼튼하게 하는 운동을 소개한다(박평문, 이규승, 2017).

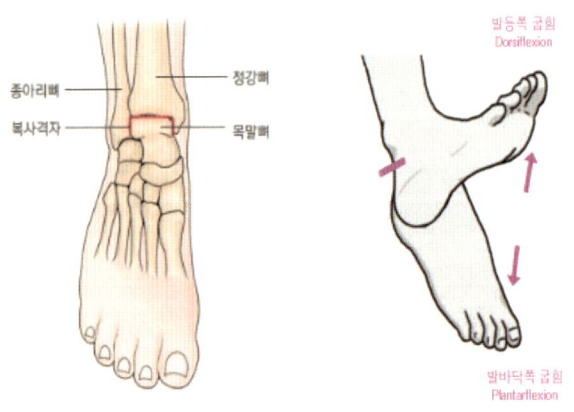

발목관절

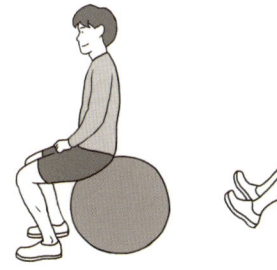 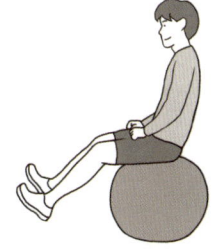

① 허리를 펴고 볼의 약간 앞쪽에 앉는다.
② 발로 볼을 밀면서 몸을 뒤로 보낸다.
③ 엉덩이가 볼 중심에 왔을 때 양쪽 다리를 살짝 든다.
④ 발이 지면에 닿을 때 발목관절에 집중하면서 10회 반복한다

① 척추기립근을 펴고 한쪽 무릎을 내밀고 세운다.
② 밴드의 중간을 발목에 걸고 끝은 손에 감아 잡는다.
③ 팔꿈치를 펴며 밴드를 늘려준다.
④ 밴드를 당길 때 발목관절에 집중하면서 좌/우 각 10회 반복한다
☞ 동작을 반복하는 동안 무릎은 90도로 유지한다.

4장. 중력, 근력, 그리고 걷기

① 볼 위에 엎드린 자세에서 양손, 양발을 바닥에 놓는다.
② 왼팔과 오른다리를 들어 올린다.
③ 반대쪽 팔·다리를 번갈아 실시한다.
④ 고개는 들어 정면을 보면서 좌/우 교대로 각 10초간 유지한다.

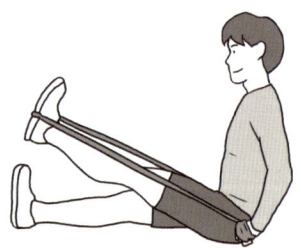

① 밴드 중간을 발바닥에 건다.
② 밴드 양 끝을 손으로 당겨서 엉덩이 옆에 고정한다.
③ 다리를 들었다 내리기를 반복한다.
④ 다리를 들 때 무릎을 최대한 곧게 펴고, 내릴 때는 뒤꿈치가 바닥에 닿지 않도록 하면서 좌/우 각 10회 반복한다.

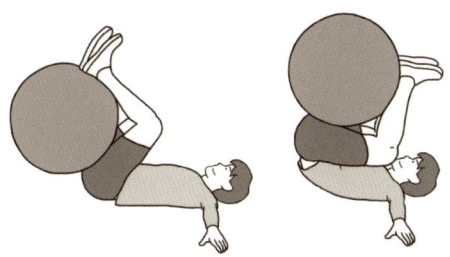

① 바닥에 누워 양팔을 옆으로 편다.
② 뒤꿈치와 허벅지 뒤쪽으로 볼을 꽉 잡는다.
③ 무릎을 가슴 쪽으로 끌어 당겼다 내리기를 반복한다.
④ 볼이 바닥에 닿지 않도록 주의하면서 10회 반복한다.

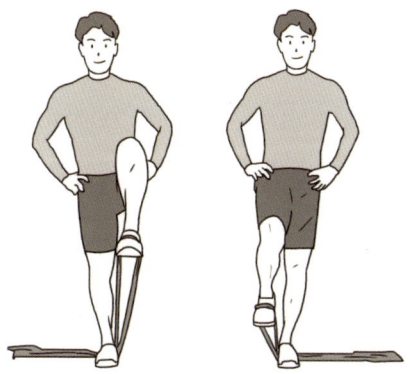

① 밴드로 고리를 만들어 매듭을 한 발로 밟고 선다.
② 반대쪽 발등에 밴드를 걸어서 최대한 높이 끌어 올린다.
③ 손은 허리에 올리고 당기는 발은 바닥에 닿지 않도록 주의하면서 좌/우 각 10회 반복한다.

3. 무릎 관절 강화 운동

날씨가 흐리거나 비가 오는 날에는 관절 통증이 심해진다. 이처럼 날씨에 따라 통증 정도가 달라지는 것을 '기후 통증'이라고 한다.

흐린 날에는 습도가 올라가고 대기 중의 외기압이 평소보다 낮아지게 되면 상대적으로 관절 내부의 압력이 높아진다. 그 과정에서 관절 속 압력 균형이 깨지며 관절 신경이 예민해져 통증의 원인이 된다.

나이가 들수록 흐리거나 비 오는 날에도 외출이 가능할 정도의 튼튼한 관절이 필요하다. 무릎관절의 움직임을 이해하기 위해서 꼭 알아야 하는 부위가 있다.

반월상연골
반달 모양으로 무릎뼈 사이에 끼어있는 연골을 말한다. 무릎 관절이 원활하게 움직일 수 있도록 만들어주며 충격을 완충시킨다.

십자인대
앞십자인대와 뒤십자인대가 있으며 무릎 관절 내에 존재하지만 인대는

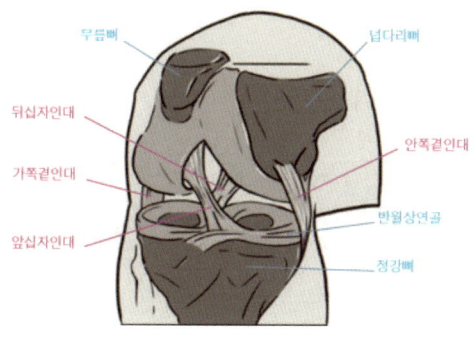

무릎관절

활막에 싸여 구별되므로 십자인대 자체는 활막 외 조직이다. 십자인대에 혈액 공급은 중간 무릎 동맥에 의해, 신경 공급은 뒤쪽 정강 신경의 가지인 뒤쪽 관절 신경에 의해 이루어진다. 관절의 안정성에 있어 중요한 역할을 한다. 무릎 관절을 튼튼하게 해주는 운동을 소개한다(박평문, 이규승, 2017).

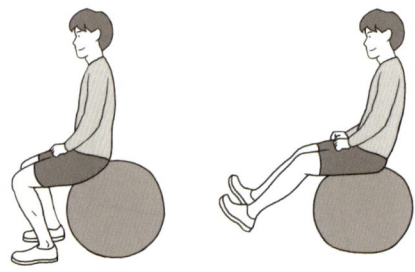

① 허리를 펴고 볼의 약간 앞쪽에 앉는다.
② 발로 볼을 밀면서 몸을 뒤로 보낸다.
③ 엉덩이가 볼 중심에 왔을 때 양쪽 다리를 살짝 든다.
④ 발이 지면에 닿을 때 무릎관절에 집중하면서 10회 반복한다.

① 양손은 허리에 놓고 한쪽 다리를 볼 위에 올린다.
② 무릎을 펴면서 볼을 앞으로 밀어낸다.
③ 반대쪽 다리도 같은 방법으로 반복한다.
④ 무릎관절에 집중하면서 좌/우 각 10회 반복한다.

① 누워서 무릎을 펴고 발목 안쪽으로 볼을 잡는다.
② 다리를 들어 올렸다 내리기를 반복한다.
③ 볼이 바닥에 닿지 안도록 주의하면서 10회 반복한다.

① 상체를 90도 굽히고 두 손은 볼 위에 겹쳐 놓는다.
② 허리근육에 집중하면서 다리를 뒤로 들어 올린다.
③ 무릎관절에 집중하면서 반대쪽 다리도 같은 방법으로 10초간 유지한다.

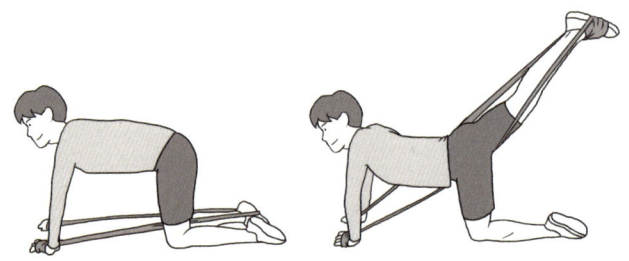

① 밴드 가운데를 발에 한 바퀴 돌려 감고 양끝은 손에 감아 잡고 무릎 꿇어 엎드린다.

② 뒤쪽 45도 방향으로 힘껏 차 올린 후 허벅지를 가슴 쪽으로 다시 당긴다.

③ 발을 차 올릴 때 몸이 흔들리지 않도록 주의하면서 좌/우 각 10회 반복한다.

4. 허리 관절 강화 운동

우리는 힘들 때 '등골이 휜다'라고 표현한다. 이때 등골이 바로 척주를 뜻한다. 척주는 목뼈 7개, 등뼈 12개, 허리뼈 5개, 엉치뼈 1개, 꼬리뼈 1개, 총 26개의 척추뼈와 23개의 추간판으로 이루어져 있으며 S자 모양이다. 튼튼한 허리 관절을 위해서는 척주의 근육과 인대를 튼튼하게 해야 한다. 허리 관절을 튼튼하게 해주는 운동을 소개한다(박명문, 이규승, 2017).

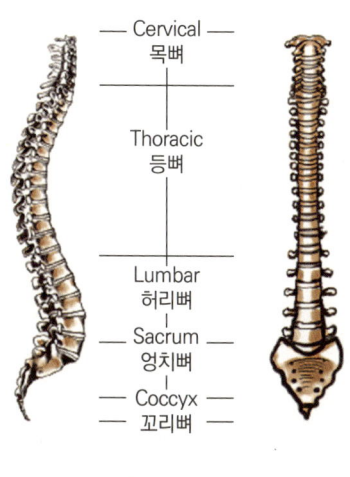

척주의 구성

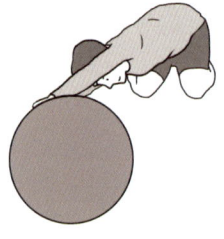 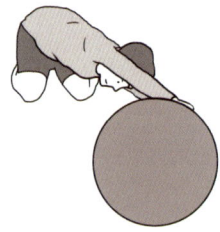

① 무릎 꿇고 앉아서 어깨 힘을 빼고 볼을 가볍게 잡는다.
② 천천히 볼을 좌우로 굴리면서 어깨, 허리, 골반 근육을 늘려준다.
③ 어깨, 허리, 골반 근육을 늘려준다.
④ 볼을 천천히 좌/우로 굴리면서 10회 반복한다.

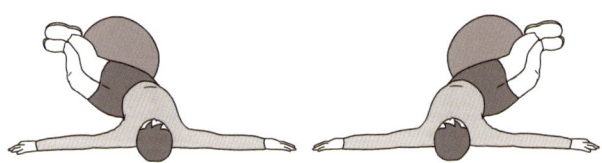

① 바닥에 등을 대고 누워서 양팔을 옆으로 편다.
② 두 다리를 볼 위에 올리고 무릎은 90도를 유지한다.
③ 복부근육에 집중하면서 천천히 좌우로 굴린다.
④ 내려 갈 수있는 최대치까지 10회 반복한다.

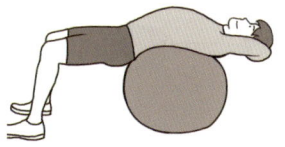 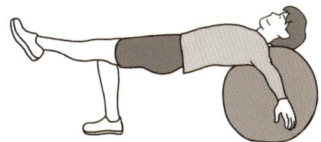

① 양쪽 발과 무릎은 바닥에 수직을 유지하고 허리와 엉덩이는 반듯하게 들어 올린다.
② 양쪽 팔과 한쪽 다리를 지면과 수평이 되게 들어 올린다.
③ 다리를 번갈아 들며 10초간 유지한다.

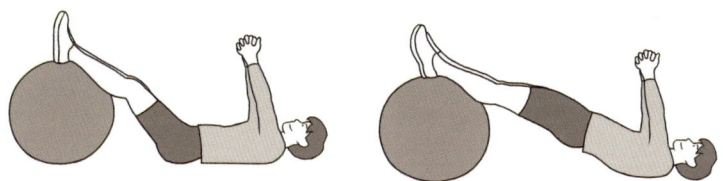

① 바닥에 등을 대고 누워서 깍지를 끼고 팔을 뻗는다.
② 등을 반듯하게 편 상태에서 엉덩이를 들어 올린다.
③ 허리근육에 집중하면서 10초간 유지한다.

① 볼 위에 엎드려 양손과 발을 바닥에 놓는다.
② 두 발을 들어 허리와 다리를 바닥과 수평이 되도록 곧게 편다.
③ 둔근과 척추기립근에 집중하면서 두 다리 들어 올리기 10회 반복한다.

① 바닥에 등을 대고 누워서 양팔을 옆으로 편다.
② 두 다리를 볼 위에 올리고 무릎을 90도를 유지한다.
③ 허리와 엉덩이를 반듯하게 들어 올린다.
④ 복부근육에 집중하면서 10초간 유지한다.

5. 어깨 관절 강화 운동

어깨의 움직임은 어깨 관절을 둘러싸고 있는 '회전근개' 라는 근육의 작용으로 이뤄진다. 오십견은 상완골의 근육이 쇠약해져 어깨의 건판에 염증이 생긴 상태다. 이때 어깨는 심한 통증을 느끼고 팔을 올리거나 돌리는 일이 어렵다.

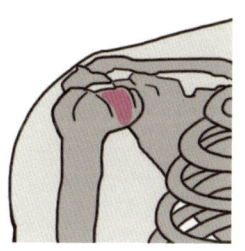

오십견 : 관절에 염증이 생김

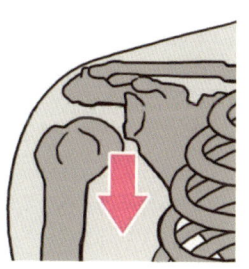

탈구 : 견봉이 빠져 나감

어깨 관절은 다른 관절에 비해 탈구가 많이 일어난다. 대학 다닐때 일이다. 축구 경기를 하던 중 스로인(Throw-in)을 하고는 팔을 잡고 그 자리에 주저앉은 후배가 있었다. 어깨 관절이 탈구되었다. 어깨 관절은 다른 관절에 비해서 습관성 탈구가 되는 비율이 높다.

한번 탈구되면 계속 반복되어 어깨 내부구조가 손상될 가능성이 있다. 탈구의 경우 보호대를 하고 주변의 근육, 힘줄, 인대가 튼튼하게 감쌀 수 있도록 어깨 사용을 자제해야 한다.

습관성 탈구 예방과 어깨 관절을 튼튼하게 해주는 운동을 소개한다(박평문, 이규승, 2017).

 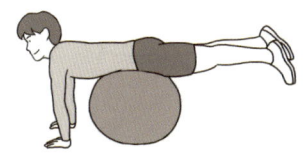

① 볼을 허벅지 위에 올리고 가볍게 잡는다.
② 볼 위에 엎드려서 앞으로 나온다. 볼이 복부에 왔을 때 두 손으로 바닥을 짚고 다리는 바닥과 수평이 되도록 곧게 편다.
③ 다시 원위치로 돌아간다. 10회 반복한다.

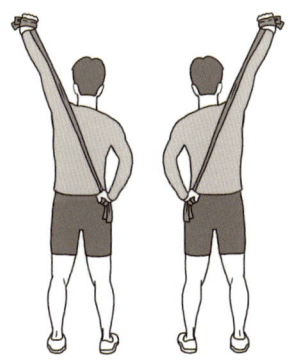

① 밴드를 어깨 너비로 잡고 등 뒤로 넘긴다.
② 오른손은 골반 위에 고정시키고 왼손은 대각선 위쪽으로 당긴다.
③ 힘을 주고 밴드를 늘릴 때 숨을 내쉰다. 시작 자세로 돌아갈 때 밴드 길이를 조금씩 줄인다.
④ 어깨관절에 집중하면서 좌/우 각 10회 반복한다.

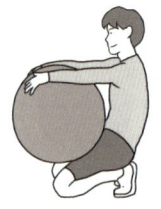 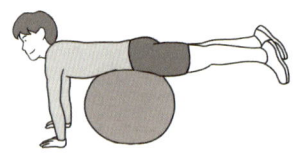

① 볼을 허벅지 위에 올리고 가볍게 잡는다.
② 볼 위에 엎드려서 앞으로 나온다. 볼이 복부에 왔을 때 두 손으로 바닥을 짚고 다리는 바닥과 수평이 되도록 곧게 편다.
③ 다시 원위치로 돌아간다. 10회 반복한다.

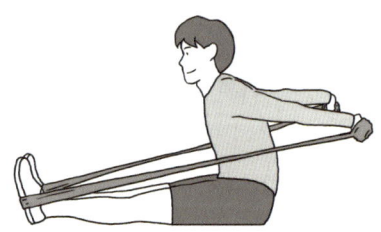

① 밴드의 중간을 양 발바닥에 걸어 손으로 잡고 허리를 곧게 펴고 앉는다.
② 상체를 곧게 편 상태에서 두 손을 최대한 뒤로 뻗으면서 10회 반복한다.
☞ 팔을 최대한 뒤로 뻗은 상태에서 잠깐 멈춘다.

6. 등 결림 해소 운동

평소 잘하지 않는 동작을 하면 등이 결린다. 예를 들면 운전석에서 팔을 뒤로 뻗어 뒷좌석의 물건을 집거나 한 손으로만 핸들을 과하게 돌릴 때 순간적으로 뜨끔! 한다. 보통은 결린 부분을 마사지하거나 따뜻한 온탕에 들어가면 좋아진다.

등이 결리는 이유는 또 있다. 잘못된 자세에서 비롯된다. 잠을 잘 때 자세가 틀어지면 아침에 일어났을 때 몸이 찌뿌둥하고 전신이 결린다. 이럴 때는 가벼운 스트레칭으로 뭉쳤던 근육을 푸는 것이 좋다.

등 결림의 또 다른 원인으로는 스트레스를 꼽는다. 갑작스러운 스트레스에 자율신경이 교란되어 혈액순환이 안 되고 통증을 유발하는 물질이 쌓인다. 그래서 갑작스러운 등 결림을 느끼면 스트레칭뿐만 아니라 심리적 이완도 함께하는 것이 좋다. 등 결림을 완화하기 위한 운동을 소개한다(박평문, 이규승, 2017).

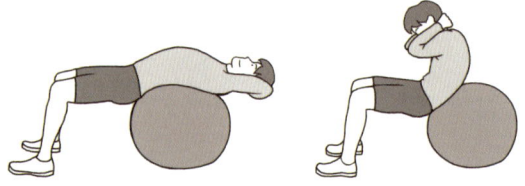

① 허리로 볼을 누르면서 상체를 완전히 뒤로 젖힌다.
② 두 손을 목 뒤에서 깍지 끼고 천천히 상체를 들어 올린다.
③ 복부와 등 근육에 집중하면서 윗몸일으키기 하듯 10회 반복한다.

① 밴드를 어깨너비로 잡고 양팔을 머리 위로 올려 가볍게 늘인다.
② 몸통을 좌우로 천천히 돌린다. 좌우 각각 10회 반복한다.
☞ 두 발의 간격이 어깨보다 넓어야 한다.

① 바닥에 누워서 팔짱을 낀다.
② 등과 엉덩이를 반듯하게 편 상태에서 들어 올린다.
③ 복부에 힘을 주고 10초간 유지한다.

① 밴드 끝을 밟고 양 팔을 들어 올려 밴드를 7자로 만든다.
② 천천히 숨을 내쉬면서 팔과 허리를 옆으로 넘긴다.
③ 옆으로 넘길 때 밴드를 몸에 붙인다.
④ 좌/우 각 10회 반복한다.

① 볼 위에 엎드려 손은 목 뒤에서 깍지 끼고 고정한다.

② 복근으로 볼을 누르면서 서서히 상체를 뒤로 젖힌다.

③ 10회 반복한다.

7. 목 관절 강화 운동

'목 관절'을 단순히 머리와 가슴을 연결해 주는 부위로 알고 있지만, 목은 코와 입으로 들이마신 산소를 폐로 전달하며 동맥혈관을 통해 혈액이 심장에서 머리로 올라가는 통로다. 그래서 목 관절은 생명과 직결되기 때문에 관절 중에서 최고봉이다.

목은 눈, 코, 귀, 입의 기능을 통하여 외부 정보를 받아들이는 얼굴과 가장 가깝다. 그렇기 때문에 항상 긴장하고 경직되어 있다. 목 관절의 경직은 경동맥 혈관을 뻣뻣하게 만들어서 뇌압을 높일 수 있다.

그리고 오랜 시간 고개를 숙여 스마트폰을 보고 컴퓨터 작업을 하고 책을 보면 목 관절 특유의 C자 곡선이 길게 앞으로 뻗어져 일자 형태로 변형된다. 그래서 일자목, 거북목이 되기도 한다. 컴퓨터 모니터가 눈높이보다 낮을 경우 처음에는 똑바로 바라보다가 점점 시간이 지나면 고개를 숙이고 어깨선보다 머리가 앞으로 나온다.

머리가 앞으로 또는 아래로 향하는 자세를 오래 유지하면 목과 어깨의 근육, 척추에도 무리가 생겨 근육이나 뼈는 자동으로 굳고 통증이 생긴다.

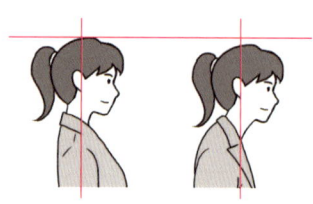

거북목증후군

이렇게 목 관절이 거북목으로 변형되면 목 관절의 통증 외에도 머리로 올라가는 혈액순환 기능이 떨어져 두통이 자주 발생한다.
아래 〈거북목 자가진단표〉에서 3개 이상 증상을 느낀다면 치료와 관리가 필요하다.

〈거북목 자가진단표〉

내용	✓
컴퓨터·스마트폰 사용을 자주 한다.	
머리가 어깨보다 앞으로 나와 있다	
손발이 항상 차고 자주 저리다.	
자고 일어났을 때 몸이 뻐근하다.	
목을 회전시켰을 때 소리가 난다.	
머리가 자주 아프다.	
자세가 구부정하다는 말을 자주 듣는다.	

출처: 연세힐마취통증의학과의원홈페이지(저자재구성)

목 관절을 튼튼하고 부드럽게 해 주는 운동을 소개한다(박평문, 이규승, 2017).

① 바닥에 등을 대고 누워서 양팔을 옆으로 편다.
② 두 다리를 볼 위에 올리고 무릎을 90도를 유지한다.
③ 허리와 엉덩이를 반듯하게 들어 올린다.
④ 복부근육에 집중하면서 10초간 유지한다.

8. 근육의 수축력 결정요인

근육은 어떻게 힘을 얻을까? 근육이 커질수록 강해진다. 그러나 우람한 근육이 아닌데도 강한 힘을 내는 사람도 있다. 어떻게 이해해야 할까? 근육의 크기는 근육의 힘을 결정짓는 여러 가지 요인 중에서 하나일 뿐이다. 근육이 힘을 발휘하는 것은 아래의 요인들에 의해서 결정된다(프레데릭 데리비에, 마이클 건딜, 2014).

1) 움직임에 동원되는 운동신경 세포의 수
흔히 말하는 '힘이 센' 사람은 순간적으로 가능한 한 많은 양의 근섬유를 동원할 수 있는 능력을 가진 사람을 뜻한다. 이때 근섬유는 신경 시스템을 매개로 동원되며 일련의 과정은 뇌에서 시작된다.

즉, 척추신경을 통해서 근육을 수축하라는 명령이 근섬유에 전달되면 근육 신경세포가 지정된 근섬유그룹에 수축을 명령하는 것이다.

활성화된 운동 신경세포가 많을수록 수축하는 근섬유 수도 많아지고 무거운 중량으로 운동할수록 동원되는 운동신경의 숫자도 많아진다.

2) 운동신경 세포가 보내는 자극의 강도

운동신경 세포는 근육에 다양한 전기적인 자극을 보내는데 전기적 자극이 약하면 근육은 약하게 수축하고 전기적 자극이 강하면 근섬유도 강하게 동원된다. 따라서 근섬유 동원 능력을 높이려면 가능한 무거운 무게로 반복 횟수를 많이 하는 것이 좋다.

3) 근육의 크기

근섬유의 크기와 근섬유가 낼 수 있는 힘에는 정비례 관계가 존재한다. 근섬유가 클수록 신경 임펄스를 통해 발생하는 힘의 세기도 커진다. 최대근력의 80% 정도의 무게로 근육 운동을 반복하면 근육의 양을 증가시키는데 도움 된다.

9. 근육 운동의 기본 규칙

근육량을 늘리는 것이 목적이라면 다음의 규칙을 따라야 한다. 필자는 앞서 노르딕워킹도 일반걷기에서는 기대할 수 없는 근육량의 증가를 기대할 수 있다고 했다. 따라서, 노르딕워킹을 지도할 때 근력운동의 기본 규칙을 따르는 지도법이 요구된다.

첫째, 상체의 경우, 팔운동보다 가슴, 어깨, 등을 먼저 단련한다. 이들 근육군을 단련하기 위해서는 공통적으로 팔의 힘이 필요하므로 팔이 먼저 피로 해 지면 안된다.

둘째, 하체의 경우도 마찬가지다. 종아리 운동을 항상 맨 마지막에 해야 한다. 왜냐하면 종아리가 피로한 상태에서 허벅지를 단련하는 운동을 하면 종아리가 떨리기 시작한다. 이렇게 되면 운동수행력이 저하되고 부상의 위험도 높아진다.

셋째, 상체 근육을 먼저 단련한다. 균형 잡힌 몸매를 원한다면 하체를 운동하기 전에 상체 근육을 먼저 운동하는 것이 좋다. 왜냐하면, 하체를 먼저 운동하면 피로 때문에 상체 운동을 할 때 효과가 떨어진다.

상체 근육을 먼저 운동하더라도 곧이어 하체 운동을 하지 않는다. 상체→하체→상체 식으로 번갈아 가면서 근력 운동을 하면 운동수행력 향상에는 효과가 있지만 근 발달에는 효율이 떨어진다.

가능하다면 지금 막 운동을 끝낸 근육과 가까이 있는 근육을 이어서 운동하는 것이 근육량 증가에 더 효과적이다. 예를 들면, 가슴→어깨→등의 순서로 운동하는 것이 좋다.

넷째, 가능한 짧은 시간에 근육을 최대한 자극해야 한다. 전체 운동시간보다 운동 강도에 더 신경 써야 한다. 바쁜 일정으로 운동할 시간이 많지 않다면 서킷 방식으로 아주 짧은 시간에 운동하는 것도 가능하다. 서킷트레이닝은 15~20분이면 가능하지만 가능한 한 30분 이상은 지속하는 것이 좋다.

이상적인 근력운동시간은 45분~60분이다. 만약 1시간을 초과했다면 충분히 강도 높게 수행하지 않았다고 볼 수 있다. 근력운동을 45분~60분 동안 충분히 했다면 어느 정도 근피로를 느껴야 한다. 만약 그렇지 않다면 운동강도를 높여야 한다.

10. 달콤한 근육통의 비밀

근력 운동으로 근섬유에 가해지는 통증은 근육이 깨어나는 신호다. 근육통은 운동 수준에 따라 강할 수도 있고 약할 수도 있다. 이러한 근육통을 빨리 완화 시키기 위해서는 통증 부위에 집중하지 않는 것이 좋다.

근육통이 사라지면 근력과 지구력이 급격히 향상된다. 이것은 신경시스템이 새로운 환경에 적응하게 되는 것이다. 여러 부위의 근육이 조화롭게 움직임으로써 근육의 운동을 알맞게 조정하는 방법을 익히게 된다. 그래서 근육량의 증가보다는 근력과 근지구력이 더 빨리 발달한다.

그러나 근육통을 느낀다면 결과적으로는 근육량도 증가하게 되어 있다. 근육 발달을 가장 쉽게 확인하는 방법은 체성분 검사. 과학적이고 객관적이기 때문에 대중들에게 가장 신뢰받는 검사법이다. 거주지 보건소, 건강생활지원센터, 보건지소, 보건진료소 등에 사전 예약하고 가면 친절한 상담까지 받을 수 있다.

근육통은 원인이 근육에 쌓인 젖산 때문이 아니다. 젖산 축적 이론은 오래전에 사라졌다. 그러나 안타깝게도 이러한 믿음은 스포츠 현장에

뿌리 깊게 남아 있다. 극심한 운동을 한 최악의 경우라도 길어야 1시간이면 젖산은 제거된다.

1시간 이상 걸리는 경우는 거의 없다. 일반적으로는 젖산의 흔적은 운동 종료후 20분이 채 되기 전에 근육과 혈액에서 사라진다(프레데릭 데리비에, 마이클 건딜, 2014).

보통 근육통은 운동한 지 24~48시간 이후에 나타난다. 운동 한 지 하루 지나서 휴식하고 있는 근육에 젖산이 다시 돌아올 이유는 없다. 과학적인 연구를 통해 밝혀진 근육통의 원인은 근섬유에 생긴 미세한 손상 때문이다. 우리가 느끼는 근육 통증은 근육에 난 수많은 '작은 상처' 때문이다. 그렇다면 왜 운동 후 한참 지나서 이러한 통증을 느끼는 것일까?

근섬유의 미세 손상은 운동 중에 일어나는 것이 아니라 운동 직후에 생긴다. 근육이 평상시와 달리 강하게 장시간 수축을 반복하면 세포 내 칼슘의 방출을 유발하는데 바로 이 칼슘이 근수축 신호를 전달한다.

근수축을 명령하고 난 칼슘은 근형질세망이라는 주머니에 되돌아가지만 강한 근육 운동에 의해 손상된 근형질세망은 칼슘을 흡수하지 못한다. 이렇게 되면 칼슘의 누출이 서서히 진행되다가 최고조에 이르게 되면 근육통을 느끼게 된다. 이러한 메커니즘 때문에 운동을 한 후 근육통을 느낄 때까지 시간 차이가 생기는 것이다.

11. 워밍업과 쿨다운

자동차의 엔진을 예열하지 않고 가속 페달을 밟으면 기계적인 힘의 전달이 잘 이루어지지 않고 속도를 내는 것도 어렵다. 하지만 엔진이 충분히 가열된 상태에서는 가속 페달을 살짝만 밟아도 빠르게 속도를 올릴 수 있다.

우리 인체를 자동차에 비유할 수 있다. 근육도 이와 마찬가지로 일정 온도에 이르렀을 때 안정적인 상태에서 최적의 기능을 할 수 있다. 본격적인 운동을 하기 전에 반드시 워밍업을 해야 하는 이유가 바로 이것이다.

워밍업의 역할은 크게 세 가지로 얘기할 수 있다.

첫째, 부상의 위험을 줄여준다.
동일한 고무줄 2개를 준비해서 하나는 냉동실에 넣고 다른 하나는 뜨거운 냄비에 넣은 다음 10분후에 꺼내서 가능한 한 길게 당겨보자. 차가운 환경에 노출된 냉동실 고무줄은 금방 끊어진다. 이에 반해 뜨거운 환경에 노출된 고무줄은 저항력이 생겨서 끊어지지 않는다.

근육도 고무처럼 반응한다. 워밍업을 통해 체온을 올리면 근육의 저항력이 증가된다. 하지만 체온이 낮은 상태에서는 냉동실의 고무줄처럼 근육도 끊어질 가능성이 높아진다. 그래서 근육 운동을 하기 전에 반드시 워밍업을 해야 한다.

운동 중 근육과 관절의 상해는 계절적으로 여름보다는 겨울철에 더 많이 발생한다. 이러한 상해 발생률의 차이도 체온의 영향으로 설명할 수 있다.

의외로 많은 초보자가 워밍업을 할 필요가 없다고 무시하는 경향이 있다. 워밍업을 시간 낭비라고 생각해서 바로 본운동에 돌입한다. 하지만 이렇게 워밍업을 소홀히 하면 분명 차후에 운동 상해를 당할 수 있고 고통을 감내해야 할 것이다.

워밍업의 가치를 운동생리학 관점에서 접근해 보자. 우리가 움직임으로 관절에 압력을 가하기 시작하면 연골은 스펀지처럼 수분을 끌어당긴다. 팽창한 연골은 관절의 완충 장치 역할을 하면서 마찰을 줄여준다. 근육 운동을 10분 정도 하면 연골의 두께는 최대 크기에 도달한다.

따라서 연골이 쿠션 역할을 하기 위해서는 수분을 충분히 채울 수 있도록 약간의 시간을 줘야 한다. 이것이 워밍업을 정성껏 해야 하는 이유다. 신체활동을 멈추고 1시간 정도 지나면 연골은 처음의 크기로 되돌아간다.

둘째, 운동수행 능력을 높여준다.
체온이 1도 오르면 근육이 발휘할 수 있는 최대 근력이 7% 증가하는 것으로 알려져 있다. 실제로 근육이 에너지를 얻는데 평상시 체온보다 약간 더 높은 온도에서 최적으로 작동한다. 그렇다고 워밍업에서 땀이 날 정도로 체온을 높인다면 오히려 운동능력을 떨어뜨릴 수 있다. 몸을 약간 따뜻하게 유지하는 수준이 적당하다.

체온은 오전보다 오후가 더 높다. 아침보다는 오후에 더 강한 힘을 낼 수 있다. 그러므로 근력운동은 오전보다는 오후가 더 적절하며 만약 아침에 운동을 한다면 워밍업을 좀 더 길게 하는 것이 좋다.

셋째, 운동에 몰입하도록 도와준다.
근력 운동을 할 때는 수축-이완하는 주동근에 정신을 집중해야 효과도 좋고 상해 예방에도 도움된다. 워밍업은 우리가 운동할 때 정신적인 준비와 동원되는 근육에 집중할 수 있는 마지막 기회다.

운동 시작할 때 워밍업이 중요하듯이 운동을 마칠 때는 호흡과 심박수를 비롯한 몸의 상태를 서서히 안정상태로 되돌리는 정리운동이 중요하다. 근육강화운동은 척추에 압박을 가하는 동작이 많기 때문에 등을 스트레칭하는 것이 중요하다. 운동 중에 눌려졌던 척추의 압박을 풀어주고 회복을 위해서는 20~30초 정도 철봉에 매달리는 것이 좋다. 이렇게 철봉에 매달려 등을 스트레칭을 했는데도 계속해서 척추가 압박받는 느낌이 든다면 허리 근육이 풀어지지 않고 계속 수축하고 있다는 의미다.

쿨다운에서 운동 중 압박된 척추를 충분히 풀어주는 것이 중요한 이유는 눌린 척추가 풀려야 숙면을 취할 수 있기 때문이다. 만약 아침에 일어났을 때 척추가 밤새 압박을 받았다는 느낌이 든다면, 허리 근육이 제대로 이완이 안 된 상태에서 잠에 들었다고 볼 수 있다.

4장출처 : 박평문, 이규승(2017). 장수는 위험하다. 대전 : 도서출판 브레이커.
　　　　박평문(2022). 바로walking. 대전 : 도서출판 브레이커.
　　　　프레데릭 데리비에, 마이클 건딜 저, 장덕순 역(2014). 근육운동가이드_프리웨이트, 서울 : 삼오미디어.

5장
건강을 이어주는 노르딕워킹

뇌는 활동적인 사람을 좋아한다.
몸은 움직이고 뇌는 감정을 느낀다.

감정은 다시 움직임을 이끈다.
motion-emotion-motion-emotion...

뇌는 움직임을 좋아한다.

1. 뇌세포에도 독감처럼 백신이 필요하다

우리가 살아가면서 스트레스를 안 받을 수는 없다. 그리고 적절한 수준의 스트레스는 뇌세포에 백신 기능을 할 수 있다. 이 두 가지 측면을 고려한다면 중요한 것은 스트레스에 대해 어떻게 반응하느냐에 따라서 뇌가 변화하는 양상도 달라진다는 것을 이해할 필요가 있다.

지속적으로 스트레스를 받으면 뇌는 동일한 패턴에 빠져들어 상황을 비관하거나 공포를 느끼게 된다. 하지만 기억 형성을 담당하는 해마에 스트레스 호르몬인 코티졸을 받아들이는 수용체가 없으면 오히려 학습효과가 떨어진다. 즉, 우리의 기억을 회로에 보존하기 위해서는 적정 수준의 스트레스는 반드시 필요한 것으로 볼 수 있다.

운동으로 교감신경이 활성화되면 처음에는 스트레스 호르몬(코티졸)이 분비되면서 코티졸 수용체를 활성화시키고 운동을 멈추면 코티졸 수치가 뚝 떨어지고 계속해서 48시간 동안 코티졸 분비가 억제되면서 심신 안정에 도움을 준다.

코티졸은 검의 양날과 같다. 지나치게 많이 분비되면 심신의 피로를 부르고 면역력을 떨어트리고, 분비가 안 되면 해마의 코티졸 수용체가 없어져서 기억력 감퇴로 이어진다.

가벼운 신체활동만으로도 인체에 스트레스 호르몬이 분비됨으로 기억을 담당하는 해마의 기능 유지에도 도움되고 신경전달물질인 세로토닌, 노르아드레날린, 도파민 등이 적정수준으로 분비되도록 도와주는 효과도 있다. 가벼운 신체활동은 뇌세포 기능을 유지시키는 백신 역할을 한다.

운동을 하면서 뇌를 활성화시키기 위해서는 운동만 하는 것보다는 다른 뇌 기능을 함께 사용하는 것이 효과적이다. 그래서 나온 것이 '뺄셈 걷기'다.

걸으면서 50부터 시작해서 계속 3을 빼고 계산하면서 걷는다. 별것 아닌 것처럼 보여도 이렇게 단순한 뺄셈 걷기도 뇌 활성화에 도움된다.

노르딕워킹을 하면서 뺄셈 걷기를 한다면 신체적, 정서적 건강증진 뿐만 아니라 뇌 기능 유지·발달에도 크게 도움이 될 것이다.

2. 기억력을 지키는 걷기·달리기

우리가 무언가를 기억하고 학습하려면 반복연습이 필요하다. 반복은 학습을 하는 신경세포들끼리 연결이 강해지고 그 결과로 새로운 정보가 뇌 속에 정착되도록 도와준다. 이때 중요한 역할을 하는 것이 뉴런을 길러내는 비료 역할을 하는 뇌유래신경영양인자(BDNF)다.

달리기와 같은 신체활동을 최대심박수의 80~90% 수준으로 하면 'BDNF'가 다량으로 방출되어 기억과 학습능력에 관여하는 해마에서 급증하는 것이 밝혀졌다. 이렇게 증가한 BDNF가 노화를 지연시키고 스트레스를 감소시킨다.

정리하면, 운동을 하면 위, 콩팥과 간 등 내장으로 흐르는 피의 양은 감소하고 뇌와 근육으로 흐르는 피의 양은 증가하기 때문에 뇌가 활성화된다. 그리고 학습과 기억을 담당하는 해마에서 세포분열이 왕성하게 일어난다. 나이가 들어도 이러한 현상이 가능한 이유는 뇌의 줄기세포(stem cell)는 나이가 들어도 계속 증가하는데 이것이 증가하면 새로운 세포도 더 많이 분화되기 때문에 자연스럽게 기억력이 좋아지게 된다. 중요한 것은 줄기세포가 학습과 기억을 담당하는 해마에 가장 많이 존재한다는 것이다.

3. 걸을 때 팔을 흔들지 않던 옆집 할머니

치매 전조증상 중 하나는 걸을 때 팔을 흔들지 않는다. 왜 그럴까? 우리의 걸음 속도는 팔을 흔드는 속도와 정비례 한다. 팔을 빠르게 흔들수록 걸음 속도도 빨라진다.

빠른 걸음에서 유각기(한쪽발이 공중에 뜬 상태)동안 한 발로만 몸의 중심을 잡기 위해서는 하지근육과 엉덩이근육, 코어근육이 조화로운 협업이 있어야 가능하다.

노인들은 팔을 흔드는 속도만큼 빠른 속도로 걸어가면서 인체 중심을 잡는 것은 쉽지 않다. 그 이유는 하지근력의 약화 때문이다. 이렇게 하지근력이 약해지면 걸을 때 몸이 흔들리고 자칫 낙상으로 이어질 수 있다. 그렇기 때문에 스스로 감속을 위해서 팔 흔들기를 안하고 보폭도 줄여서 종종걸음처럼 걷는다.

보폭이 줄어들면서 발뒤꿈치-발바닥-엄지발가락으로 이어지는 건강한 발구름 대신에 발뒤꿈치에서 새끼발가락 쪽으로 향하게 된다. 이런 보행 패턴은 점점 더 하지근력의 약화를 초래한다.

낙상 예방용으로 집에서 할 수 있는 근력운동

하지근력 약화는 정맥환류 기능을 저하시켜서 혈액순환을 방해하고 결국 뇌로 가는 혈류량을 감소시켜 뇌의 산소포화도는 저하되고 뇌세포활성도가 떨어진다. 이것이 치매로 가는 출발점이 될 수 있다.

걸어 다닐 때 두 팔을 힘차게 흔드는 것만으로도 치매 예방에 도움 될 수 있다. 노르딕워킹의 폴이 없더라도 두 팔을 힘차게 흔들면서 보행속도가 떨어지지 않도록 하지근력을 강화시키는 운동을 하자.

4. 뇌는 보행 중 흡연을 싫어해

흡연은 우리나라뿐만 아니라 전세계적으로 골칫거리다. 표면적으로는 금연을 외치지만 실상 담배에서 거둬들이는 세금이 엄청나기 때문이다. 보건소는 유치원부터 초중고등학교, 군부대, 기업체 직장인을 대상으로 금연클리닉을 운영하고 금연 및 흡연 예방교육을 하고 있다.

이 사업에 투입되는 돈이 담배로부터 나온다. 사람들이 담배를 피워야 세금을 거둬들이고 그 돈으로 다시 "담배를 피우지 마세요" 홍보하고 교육도 한다는게 아이러니다. 5월 31일은 세계 금연의 날이다. 흡연 폐해의 심각성은 어제, 오늘의 문제가 아니고 특정 대륙의 문제가 아니라 전 세계가 공통으로 대응해야 할 건강 문제다. 흡연의 폐해는 매우 다양하고 심각성의 정도도 천차만별이지만 대표적인 것은 다음과 같다.

우울증, 운동기능 저하, 폐기능 저하를 비롯한 암 발병율의 증가, 혈액이 끈적 끈적해 지는 스트레스성 적혈구 증가증, 운동 중에 충분한 수분 보충을 안하고 흡연과 음주를 한다면 돌연사 위험이 높아진다.

흡연은 비타민C를 파괴한다. 비타민C 1일 섭취 권장량은 150mg이다. 그런데 담배 1개피를 피우면 체내 비타민C 25mg이 파괴된다. 만약, 하루 한 갑을 피운다면 약 400mg의 비타민C가 빠져나간다. 바로 이러한 이유로 흡연자는 비타민C 보충을 위하여 하루 500mg 알약을 먹는 것이 좋다.

흡연은 뇌혈류량을 감소시켜 뇌 위축 → 뇌경색 → 치매, 중풍으로 이어진다. 이 외에도 흡연자는 비흡연자에 비해서 말초혈관이 좁아지고 신축력이 저하되어 발기력 저하, 발기 불능 증상이 2배 정도 높다.

흡연자는 빨아들이는 담배 연기가 자신의 몸에 암을 만든다는 것을 알아야 한다. 흡연자에서 나타나는 가장 대표적인 암이 구강암, 식도암, 후두암이다. 식도암은 하루 1갑 이상 흡연자에게서 5배 이상 높았고, 하루 담배 1갑+1000cc 알콜섭취하면 식도암 발병율은 44배가 높아진다. 만약 흡연자가 목이 쉰 상태가 오래 지속되면 후두암을 의심해야 한다.

담배 연기도 주류연이 있고 부류연이 있다. 주류연은 흡연자 입에서 바로 나오는 것이고, 부류연은 담배에서 나오는 생담배 연기를 말한다. 흡연시 나오는 3대 악성 물질은 꼭 기억하길 바란다.

니코틴은 중독을 일으키는 물질이고, 타르는 담배의 맛을 결정하고 A급 발암물질이다. 일산화탄소는 만성 저산소증과 조기노화의 원인이 된다. 특히 담배 속의 일산화탄소는 알콜 분해 과정에 나오는 활성산소와 결합하면 노화는 가속화된다. 따라서 운동할 때는 흡연과 음주를 피해야 한다.

흡연은 직접흡연과 간접흡연으로 구분하는데, 간접흡연도 2차, 3차 간접흡연으로 구분한다. 2차 간접흡연은 길거리 흡연자에 의해 주류연이나 부류연의 냄새를 직접 맡는 것을 의미하고 3차 간접흡연은 흡연 시 발생되는 인체 유해물질을 비흡연자끼리 서로 전달하는 것을 말한다.

예를 들면, 비흡연자인 아빠가 회식에서 옷과 몸에 묻혀온 니코틴이 아이들의 피부와 머리카락으로 전이되는 경우다.

5. 노르딕워킹의 건강상 효과

노르딕워킹은 팔과 다리를 사용하여 자세를 유지하기 위해 전반적인 근육을 골고루 사용한다. 조금 더 수치화시켜 말하자면, 신체 근육의 90%를 단련할 수 있다. 노르딕워킹은 비슷한 힘을 들이고서도 더 효율적으로 지구력을 기를 수 있다.

노르딕워킹은 칼로리를 소모하는데 효과적인 운동이다. 동일한 조건에서 보통의 걷기가 240kcal, 가벼운 조깅이 280kcal, 수영이 330kcal를 소모할 때 노르딕워킹은 500kcal를 소모할 수 있다.

하지만 이 수치는 단편적으로 파악해야 할 것이 아니라, 노르딕워킹을 할 때 지형, 걷기 속도, 노르딕 폴의 종류에 따라 달라질 수 있음을 고려해야 한다.

노르딕워킹은 주로 야외에서 여럿이 함께 활기차게 걷는 운동이라서 우울감을 감소시키는 힐링 보행법으로도 각광받고 있다.

지금까지 발표된 각종 연구 결과를 종합해 보면, 노르딕워킹이 다양한 질병을 개선하는 데에 긍정적인 영향을 미친다는 사실이 밝혀졌다. 특히, 심뇌혈관질환, 근육관련 질환, 우울증, 만성적 척추 통증, 혈액 공급 부족으로 인한 고통스러운 간헐적 절룩거림 등을 치료하는 데에 효과를 인정받고 있다.

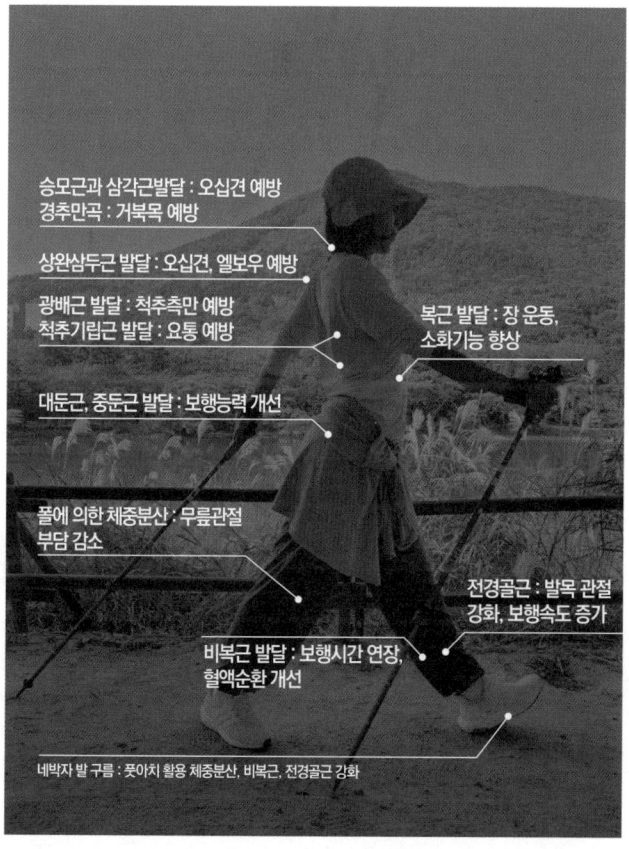

노르딕워킹의 건강 효과

6. 생애주기별 노르딕워킹의 활용

노르딕워킹을 매개로 생애주기별 신체적, 정신적 특성을 반영하여 건강관리를 위해 맞춤형 중재 프로그램을 만들 수 있다.

1) 청소년기
성장기에 있는 학생들은 제2의 발육급진기를 맞이하게 된다. 이 시기에는 키가 크는 것에 비해 근육 발달은 미진하기 때문에 앉고, 서고, 걸을 때 자세가 잘못되면 척추측만, 척추전만, 거북목이 발생한다.

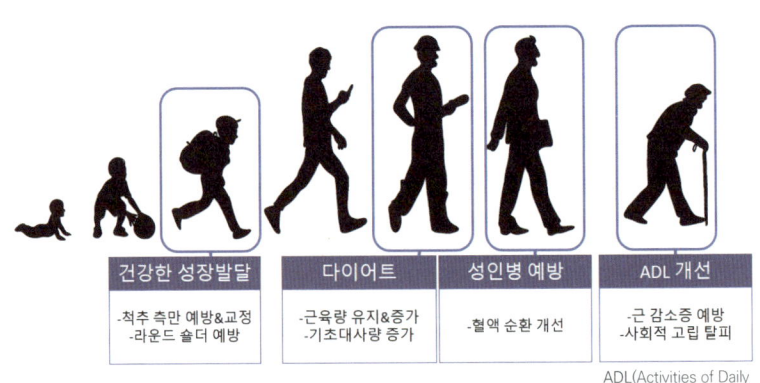

생애주기별 노르딕워킹의 활용

위에 언급한 근골격계 질환들은 모두 척추의 수직 방향의 눌림과 수평 방향의 쏠림이 동시에 오랫동안 진행될 때 발생하며 주로 몸을 굽힐 때 나타나는 증상들이다.

노르딕워킹은 펴는 동작으로 연속되는 운동이다. 그래서 굽히는 근육(굴근)과 펴는 근육(신근)의 균형을 맞추는데 용이하며 굴근과 신근의 균형은 척추변형을 예방하고 인체의 전후/좌우 균형을 맞추는데 도움된다.

청소년기의 노르딕워킹은 체형을 바르게 만들고 성장호르몬 분비에도 긍정적인 영향을 미친다는 것이 밝혀졌다(최희연, 최윤동, 2016). 그리고 학습에 영향을 미치는 집중력 발달과 충동성 감소 효과가 있는 것으로 밝혀졌다.

2) 중장년기

이 나이에는 고혈압, 당뇨, 이상혈중지질(고지혈증) 등 대사증후군이 본격적으로 시작되는 연령대다. 대사증후군은 비만으로 시작된다. 그러므로 비만관리에 초점을 두어야 한다.

노르딕워킹은 전신 근육의 90% 이상을 사용하기에 40~50% 근육을 사용하는 일반보행과 30~40% 근육을 사용하는 자전거 타기에 비해서 칼로리 소비량이 2배 이상 많은 것으로 알려졌다. 체중감량에 효과적이다.

오르막을 걸어 오르면 혈압수치가 내려가고 내리막을 걸으면 혈당 수치가 떨어지고 평지를 빠르게 오랫동안 걸으면 콜레스테롤 수치가 떨어진다. 과체중으로 걷기운동에 어려움이 있는 중장년들에게 노르딕워킹은 폴의 도움으로 체중을 분산시키는 효과 때문에 걷기운동을 더 오랜 시간 할 수 있다.

차성웅(2014)은 비만 중년 여성을 대상으로 주3회, 12주간 노르딕워킹 프로그램의 효과를 혈장 내 대사증후군 지표인 오스테오칼신과 비만 관련 대사호르몬의 변화에 초점을 맞춰 분석하였다.

복부지방율(WHR: Waist Hip Ratio), BMI, 체지방률, TC, TG, LDL-C, 수축기혈압 등은 감소하고, HDL-C는 증가한 것으로 보고했다. 그리고 비만 관련 대사호르몬 지표인 렙틴(leptin)은 감소한 반면, 성장호르몬(GH)은 증가했다고 보고했다.

이상의 결과로부터 노르딕워킹은 비만 중년여성의 대사증후군 지표, 비만 관련 호르몬 체계를 개선하고 건강증진에 도움이 된다고 하였다.

중장년기의 또 다른 건강상 문제는 직업적인 측면에서 근관절의 과사용과 오랜 세월 동안 잘못된 자세가 원인이 되어 척추질환 발생율이 높아진다. 척추질환은 통증을 유발하고 통증으로 인해 신체활동을 줄이게 된다. 신체활동을 줄이면 근육, 힘줄, 인대는 경직되고 근육량은 감소된다.

근육량이 감소되면 팔다리로 내려온 혈액을 다시 심장으로 되돌려 보내는 정맥환류 기능이 약해진다. 정맥환류 기능이 약해지면 뇌로 유입되는 혈액량도 줄어들어 뇌혈관 질환이 발생하고 뇌 기능의 이상을 초래하기도 한다.

중장년기의 혈액순환은 근육량과 근육의 수축-이완 활동이 큰 역할을 한다. 노르딕워킹은 전신근육을 사용하기 때문에 팔다리 근육량의 증가를 기대할 수 있고 체중감량과 대사증후군 관리 뿐만아니라 근골격계질환, 뇌혈관 질환을 예방하는 일석사조의 효과를 얻을 수 있다.

3) 노년기

중장년기에는 대사증후군을 유의해야 한다면 노년기에는 로코모티브증후군을 예방해야 한다.

근육, 관절, 뼈가 약해지면 운동은 커녕 움직이는 것조차 힘들어진다. 노화를 핑계로 운동을 안 하면 몸이 움직이는 것과 관련된 신체기관은 약해진다.

움직임 관련 신체기관이 약해지면 혼자서 움직이는 것이 힘들어지고 누군가의 도움을 받아야 한다. 이러한 상태나 직전 상태를 로코모티브증후군이라고 한다.

로코모티브증후군은 혼자 힘으로 걷는 것조차 어렵게 된다. 노년기 노르덕워킹은 로코모티브증후군을 사전 예방하는 차원에서 접근하는 것이 좋다. 노르딕워킹의 정확한 동작을 익혀야 한다는 부담감을 덜고 독립보행에만 신경쓰도록 한다.

막상 움직이지 못하는 상황에 닥쳐 후회하지 말고 예방을 위해 불편함을 감수해야 한다. 로코모티브증후군 예방을 위한 가장 기본은 다리운동이다. 계속 다리를 사용하고 독립보행을 위해서는 아래 기본 사항을 실천하기를 권고한다.

첫째, 앉아 있는 시간을 의식적으로 줄인다.
둘째, 이동을 하든, 제자리를 걷든 다리를 자주 사용해야 한다.
셋째, 의자에서 일어날 때 테이블이나 무릎에 손을 대지 않고 허리와 다리 힘만으로 일어난다.

로코모티브증후군을 예방하기 위해서 우리가 알아야 하는 것은 근육의 속성이다. 근육은 속근섬유와 지근섬유가 있다. 속근섬유는 순간적으로 큰 힘을 낼 수 있지만 금방 피로해지기 때문에 장시간 사용할 수 없다. 반대로 지근섬유는 작은 힘을 내지만 지치지 않고 오랜 시간 사용할 수 있다.

근육의 속성이 다른 것처럼 노화도 다른 양상을 보이는데, 속근은 40대부터 빠르게 쇠약해지는 반면 지근은 서서히 약화된다. 그래서 노인들도 천천히 오래 동안 걸을 수는 있다. 이처럼 근섬유의 노화는 종류에 따라

차이가 나기 때문에 근섬유 노화 예방을 위해서는 운동 형태도 달라져야 한다.

노화는 퇴행성 관절염 뿐만 아니라 보행능력 감소와도 관련이 있으며, 보행능력의 감소는 노인들의 낙상 위험을 증가시키는데 노르딕워킹은 상지근력과 하지근력을 강화시킴으로써 균형능력을 향상시킨다. 이러한 균형능력의 향상은 척추기립근과 골반의 정렬로 인한 것으로 보인다.

그리고 노화 속도가 느린 지근섬유의 기능 유지를 위해서는 저강도 장시간에 걸쳐 '느린 속도로 오랫동안' 걷는 것이 좋다. 이에 반해 노화 속도가 빠른 속근 섬유 기능 유지를 위해서는 고강도 단시간의 '빠른 속도로 짧게' 걷기가 좋다.

노인종합복지관, 노인문화센터, 보건소 등지에서 노인을 대상으로 운영하는 시니어 노르딕워킹 교실을 지도하는 강사는 '저강도 장시간 걷기:고강도 단시간 걷기'의 비율을 8:2로 구성하는 것이 좋다.

7. 마을 통합돌봄 사업에 최적화된 노르딕워킹

보건소를 플랫폼으로 하는 마을통합돌봄사업은 병원에서 의료적인 수술, 치료, 시술이 끝난 이후에 퇴원해서 귀가한 사람을 대상으로 다양한 지역사회자원들이 맞춤형으로 케어하는 마을공동체 건강돌봄사업이다. 주목적은 퇴원환자가 병원에 재입원하지 않도록 하는 것이다. 결국, 사회적 의료비용을 절감하는 정책이다.

퇴원환자 거주지의 행정복지센터, 노인복지관, 민관 의료시설, 운동서비스 제공이 가능한 기관·단체 등이 개입되는 지역자원 기반의 개인맞춤형 헬스케어 시스템이다.

2018년부터 시범사업으로 시작한 광주 서구, 경기 부천시, 충남 천안시, 전북 전주시, 경남 김해시 등 몇몇 지자체에서는 보건소를 중심으로 지역사회통합돌봄사업이 자리를 잡아가고 있다.

2017년 노인실태조사 결과, 어르신 57.6%가 거동이 불편해도 살던 곳에서 여생을 마치고 싶다고 답했다. 그러나 실상은 병원·시설에서 지내야 하는 상황이 많고, 불충분한 재가 서비스로 인해 가족에게 돌봄은 큰 부담이 되고 있다(2016, 보건복지부).

각 지자체의 의사와 간호사, 재활 인력, 사회복지사 등으로 구성된 재택의료센터에서 방문 진료와 간호 등 포괄적인 건강관리서비스를 제공하고, 통합재가센터에서는 기존의 방문 요양이나 주야간보호 등의 서비스를 제공하는 방식이다.

가정 내에서 임종을 지원하기 위해 가정 호스피스 이용 대상자를 말기 암 환자에서 비암성질환자까지 확대하고 생애말기 24시간 간병비를 한정적으로 지원하는 내용도 제안했다.

이 같은 제도 시행을 위해 필요한 예산은 약 1조5000억원으로 추산됐다. 서울대 의대 김윤 교수는 "사망 1개월 전 월평균 의료비가 403만원인데 가정 내 임종 비율을 50%로 올리면 임종 환자의 진료비 절감으로 재정 중립이 가능해진다"고 말했다.

퇴원환자들은 대부분 재활운동 프로그램에 참여하기를 원한다. 하지만 1:1 서비스를 제공하기에는 제한적인 전문인력과 비용이 부담되는 것이 사실이다. 그래서 주민주도형 운동 모임에 가입하기를 권유하고 있다.

퇴원환자들은 병원에 입원하고 있는 기간 동안 신체활동 제한으로 인해서 근육량은 동일 연령의 평균 이하로 감소한다. 기능 회복을 위한 재활초기에 노르딕워킹은 그들에게 효과적인 움직임을 가능하게 도와

줄 수 있다.

치유는 집단보다는 개인에게 적용하는 개념이다. 따라서 치유에 노르딕워킹을 활용할 때는 개인차를 엄격하게 적용해야 한다. 모든 영역에서 개인 차이는 노년층에서 가장 뚜렷하다. 그러므로 시니어 대상 노르딕워킹 교실을 운영 할 경우 투입되는 강사가 많아야 한다.

예를 들어 일반인은 참가자 10명 안팎에 강사 1명이면 가능하지만, 시니어층은 같은 10명이라면 보조강사가 1명 더 투입되어야 한다. 때문에 충분한 인력을 평소에 확보해 놓는 것이 중요하다. 관련 기관과 협의하여 노르딕워킹을 지도할 전문인력을 정기적으로 양성하는 교육과정을 운영할 필요가 있다.

OECD는 우리나라가 2026년에 초고령사회로 진입하고 2030년을 기점으로 세계에서 기대수명이 가장 높은 장수국가가 될 것이라고 예상했다. 고령인구의 증가는 질병 예방관리와 보건복지 분야의 재정지출에 위기를 초래할 수 있다. 실제로 노인의료비 지출은 개인뿐만 아니라 국가적으로도 부담되는 것이 사실이다. 그래서 2018년부터 병원에서 퇴원하는 고령의 환자들이 병원에 재입원하는 비율을 줄이고 거주하는 지역사회에서 민간+공공 보건·복지·의료관련 기관단체 협의체를 구성하여 고령자 헬스케어를 전담하는 시스템을 만들어 오고 있다.

이와 같은 시대상을 반영한 지역사회 통합돌봄사업은 '신체활동 프로

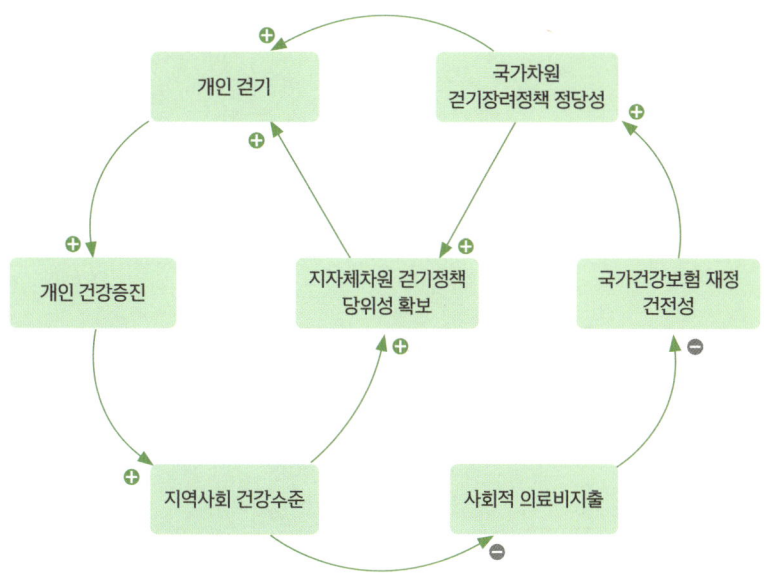

국가 걷기 장려 정책의 인과순환 관계

그램 운영'이 핵심이 될 것이다. 저자는 지역사회 통합돌봄사업에서 걷기와 노르딕워킹을 정책적으로 장려하는 방향으로 갈 것으로 예측한다. 걷기와 노르딕워킹 전문인력 양성은 우리나라의 현재뿐만 아니라 미래의 국가재정 건전성 확보를 위해서라도 시급히 진행되어야 할 중요한 과제다.

5장출처 : 보건복지부(2016). 장기 요양보험 통계연보.
차성웅(2014). 노르딕워킹 프로그램이 중년 비만여성의 대사증후군 지표와 호르몬계에 미치는 영향. 한국발육발달학회지, 22(4). p.363~370.
최희연, 최윤동(2016). 노르딕워킹이 청소년의 혈중지질, 성장호르몬, IGF-1에 미치는 영향. 한국체육과학회지, 25(3), p.1217~1225.

6장
그래서 노르딕워킹 합니다

걷기를 멈추면 모든 것이 멈춥니다
그래서 노르딕워킹 합니다

1. 지금 안 걸으면 나중에는 못 걸어요

노르딕워킹이 국내 도입된 지 20년이 되었다. 텔레비전 방송에서도 다루고 유튜브에서도 소개를 하다 보니 지자체 보건소와 노인복지관 등에서 시니어층의 건강증진 프로그램으로 운영하는 사례가 늘어나고 있는 추세다.

문제는 노르딕워킹 교실에서 일회성으로 가르치고 배우는 것으로 끝나서는 안된다. 노르딕워킹을 배운 사람은 일상생활 속에서 계속 실천하는 것이 중요하다. 운동교실 종강과 동시에 노르딕워킹도 그것으로 중단하는 경우가 많다.

너무나 당연한 말이지만 오래 동안 지속하기 위해서는 운동하는 습관을 만들어야 한다. 〈하루 6시간 앉아있는 사람은 일찍 죽는다〉의 저자인 쓰보다 가즈오(2014)가 제시한 '운동습관 만들기 3대 원칙'을 소개한다.

첫째, 자주성을 가진다.
"건강을 유지하고 싶다", "치매를 예방하고 싶다"는 마음으로 스스로 운동을 한다. 가족이 시켜서 하는 운동은 곧 흥미를 잃게 된다.

둘째, 관계성을 가진다.

혼자서 운동하는 것보다는 동료들과 함께 하는 것이 더 즐겁고 우울감 해소에도 좋을 뿐만 아니라 뇌유래신경영양인자(brain-derived neurotrophic factor : BDNF)도 더 많이 만들어진다는 것이 밝혀졌다. BDNF는 해마의 기억력 기능과 학습능력에 관여하기에 동료들과 함께 운동하면 치매를 예방하고 인지기능을 유지하는데도 도움된다.

셋째, 능력에 맞게 한다.

어떤 운동이든 입문단계에서는 절대로 무리하지 말고 가능한 것부터 시작한다. 누구나 노르딕워킹을 처음 배울 때는 손과 팔, 다리가 생각처럼 움직여주지 않는다. 이때 걸으면서 폴 손잡이를 잡았다가 놓는 동작이 어렵다면 폴 없이 맨손으로 오른손, 왼손을 따로 연습하고 잘 되면 좌/우 손 모양을 동시에 교차하는 연습을 단계적으로 하면 기본적인 동작을 익히는데 도움된다.

2. 즐거움보다 안전이 우선이죠

저자가 노르딕워킹 교육 현장에서 실수하면서 배운 노하우 중에서도 반드시 공유해야겠다고 생각한 것은 안전사고와 관련된 부분이다.

노르딕워킹 전용 폴은 알루미늄, 듀랄루민, 카본 등 금속재료로 만들어져 있다. 그리고 지면을 누르는 폴의 끝부분은 뾰족한 쇠침이기 때문에 순간적인 실수로 큰 사고로 이어질 수 있다.

아래에 소개한 주의 사항을 잘 기억해서 사고를 사전에 예방하기 바란다.

첫째, 옆 사람 간 안전거리 확보다.
파트너와 함께 2인 1조로 손동작이나 팔동작을 연습할 때 뒷사람이 폴을 놓치면 앞에 있거나 지나가는 사람이 심하게 다치는 경우가 있다. 그러므로 거리 간격을 충분히 유지하고 가급적 폴의 촉마개나 러버를 끼워서 연습하는 것이 안전하다.

둘째, 내리막길에는 폴을 길게 하고 잠금장치가 풀리지 않도록 꽉 조여야 한다.

노르딕 폴을 가지고 등산 후 하산할 때는 폴의 길이를 2cm 정도 길게 하고 하산길에 체중에 의해서 폴이 쏙 들어가서 줄어들지 않도록 확실하게 조이고 잠금장치를 확인한다.

셋째, 러버를 반드시 챙긴다.
전체 구간에서 맨땅이 많은 산길이나 들판을 걸을 때, 폴의 쇠침을 노출시키는 경우가 많다. 중간에 나무 목재로 제작된 테크를 지나갈 때는 폴을 양손으로 들거나 아니면 러버를 다시 끼워야 한다.

목재 데코로드를 걸을 때, 러버를 끼우지 않으면 쇠침이 목재 사이에 끼는 경우가 있다. 이때 꽉 박힌 쇠침이 잘 빠지지 않으면 순간적으로 힘을 주게 된다. 그러면 폴이 공중으로 날아오르면서 주변 사람들에게 상처를 입히는 사고가 발생하기도 한다.

넷째, 롱부츠형 등산화는 피한다.
1장 '신발'에서도 언급했지만 신발의 탑라인이 발목까지 올라오는 부츠형 신발은 피하는 것이 좋다. 부츠형 신발은 보폭이 크고 발뒤꿈치부터 발바닥, 발가락 순으로 발구름을 하도록 도와주는 발목관절이 발목형 신발에 의해 가동범위를 제한받게 되면서 발목관절에는 엄청난 스트레스를 줄 수 있다.

다섯째, 여름철에는 수분 보충을 자주 한다.

노르딕워킹은 전신 근육의 90% 이상을 사용하고 발바닥과 손바닥의 말초혈관 펌핑작용에 의해서 체온상승이 빠르게 진행된다.

적정한 심부온도를 유지하기 위하여 피부혈관으로 피를 보내게 되고 이때 피부혈관은 팽창하면서 땀 구멍을 열게 만든다. 높아지는 체온은 이렇게 땀을 흘리면서 열을 방출한다. 땀으로 빠져나가는 수분을 보충하지 않으면 혈액은 찐득찐득하게 되고 혈압을 올리게 된다. 10~15분 간격으로 한 모금씩 마시는 물은 혈액을 묽게 만들고 혈액순환을 원활하게 돕는다.

여섯째, 겨울철에는 장갑을 반드시 착용한다.
노르딕워킹은 폴의 손잡이를 잡고 놓고를 반복해야 한다. 운동을 하는 동안 줄곧 손이 외부의 찬 기온에 그대로 노출된다. 손의 온도가 떨어지면 수지 근육과 혈관은 수축하고 말초혈관 혈액순환에도 좋지 않다. 겨울철에는 야외 운동시간을 고려하여 미리 손난로나 핫팩을 준비하는 것도 좋은 방법이다.

3. 체중감량과 노르딕워킹

다이어트(diet)는 본래 식단(食單)이라는 뜻의 어휘로, 특정 목적을 위해 정해 놓은 식사 계획을 이르는 단어다. 그러나 현대인들에게는 체중 조절을 위한 식단이라는 의미가 가장 친숙하기 때문에 여기서 체중을 조절하기 위한 식단(식이요법)이라는 뜻으로 의미가 축소되었다.

우리나라에서는 식사 이외에도 다른 수단(예를 들어 운동)을 포함하여 살을 빼는 행위 자체를 총칭하여 다이어트라고 부른다. 이에 반해 해외에서는 단순한 체중 감량만을 다이어트라 지칭하지 않고 신체의 영양/열량 균형 조절, 근육 증가 등도 전부 다이어트에 포함시키고 있다. 하지만 우리나라에서는 이런 종류의 활동들은 모두 헬스라는 개념으로 받아들인다.

다이어트에서 중요한 것은 감량한 체중을 그 상태로 유지하는 것이다. 목표로 하는 체중이나 체형에 도달했다고 이후 바로 폭식하거나 식단을 늘이면 원 상태로 돌아가는 건 기본이고 요요 현상 때문에 다이어트 시작 전보다도 더 심각해질 가능성이 있다.

다이어트가 필요한 사람들은 열량 섭취 정도가 과하다. 이를 딱 본인의 권장량까지 조절하는 게 다이어트의 핵심이자 기본이고, 그 외 활동은 모두 체중을 감소시키기 위한 부가적인 활동일 뿐이다.

본인이 움직여서 소모한 만큼만 열량을 섭취하면 살은 산술적인 계산으로는 찌지도 빠지지도 않는다. 쉽게 말해 체중 감량은 식품의 섭취를 줄이고 에너지 소비를 늘리는 것이다.

즉 "적게 먹고 많이 움직이라"고 권고한다. 대부분 이런 처방을 받고 열심히 실천하지만 성공하는 비율은 기대 이하다. 그럼에도 달리 방법이 없다고 생각하기 때문에 이 방법에 매달리게 되고 계속해서 성공과 실패를 반복하게 된다.

먹는 것과 움직이는 것은 습관이다. 습관을 조절하기 위해서는 능동적인 변화마인드가 필요하다. 즉, 자기조절능력이 있어야 한다. 자기조절능력은 수많은 정보를 지식으로 만들고 지식으로부터 실효성을 얻기 위해 체험하고 그 체험을 통하여 자신만의 노하우를 발견하는 것을 말한다. 이렇게 해서 최종적으로 발견한 노하우를 지혜라고 한다.

다이어트는 정보-지식-지혜로 이어져야 한다. 하지만 정보-지식 수준에서 도전과 실패를 반복하고 있다. 지식을 지혜의 단계로 올려주는 것은 기록이다. 기록하면 하루의 행동이 보이고 일년의 습관이 보인다. 무엇이 다이어트에 도움되는지, 무엇이 다이어트를 망치는지 눈으로 확인할 수 있다.

다이어트의 성공은 물리적인 시간 위에서 꾸준히 자신의 행동을 관찰하고 그대로 기록하면 된다. 기록이 성찰에 이르게 한다. 성찰은 행동을 바꾸고 바뀐 행동은 습관을 바꾸게 한다. 다이어트 성패는 결국 습관의 변화가 결정하는 것이다.

다이어트 실패하는 사람들은 변화를 위한 최적의 조건 찾기를 하다가 실패를 합리화 할 조건을 찾아내고 그것을 핑계 삼아 다이어트를 포기하고 원래 모습으로 돌아간다. 이 세상에 다이어트 성공을 위한 완벽한 조건이란 없다.

성공 다이어트를 위해 지금 조건에서 시작할 수 있는 최고의 행동은 기록하는 것이다. 아침저녁으로 체중을 기록하고 체중 변화가 있으면 그 이유를 간단하게 키워드 형태로 메모하면 된다. 이것으로 충분하다. 이 방법이 티(t)내면 다이(die)하는 diet를 대신할 livet다.

4. 근육은 팔방미인

체중감량 시 근육량이 함께 감소하는 현상은 유산소 운동만을 고집할 때 나타난다. 체중감량 운동의 유형과 순서를 선택하는 기준은 지방이 아니라 근육이다. 따라서 근육량을 증가시키는 전략으로 운동을 구성해야 한다.

즉 체중감량을 목적으로 하는 운동이라도 유산소운동에만 올인하는 것은 옳지 않다. 근력운동을 함께 해줘야 하며 유산소 운동보다 근력운동을 먼저 하는 것이 효과적이다. 왜냐하면, 근력운동을 하는 동안 근섬유는 비대해지고 체온은 상승하게 된다.

근육은 우리 몸에서 지방을 태우는 용광로다. 지방을 태우기 전에 용광로를 크게 만드는 효과와 함께 체온이 상승된 상태에서 유산소운동을 하면 바로 땀이 나기 시작한다. 흐르는 땀은 지방이 운동 연료로 사용되고 있다는 싸인이다.

따라서, 체중감량에서 팔망미인 역할을 하는 근육을 이용하는 방법은 '근력운동 → 유산소운동' 순으로 하는 것이 '유산소운동 → 근력운동'

보다는 지방 연소 측면에서 훨씬 효율적이다.

또 하나 우리가 알아야 하는 것은 지방이 운동에너지로 동원되기 시작하는 시점에 대해서 이해를 한다면 왜 근력운동을 먼저해야 하는지 알게 된다.

체내에서 산소가 지방과 연결되어 체지방이 에너지로 변할 때까지는 5분 정도가 걸린다. 체지방을 연소시키기 위해서는 최저 15분 이상의 지속적인 운동이 필요하다. 운동시 운동 초기에 사용하는 에너지원은 근육에 저장되어 있는 글루코겐을 이용해 에너지를 얻고 그 이후에는 혈액 중에 있는 글루코스를 사용해 에너지를 얻게 된다.

운동시간이 지속될수록 혈액 속의 글루코스(혈당)가 부족하게 되면 몸에 축적되어 있던 지방이 글루코스(당)로 전환되어 사용된다. 이때 지방은 산소와 결합을 하여 에너지를 내는데 이러한 형태의 운동을 유산소 운동이라 한다.

비만인에게 있어 유산소 운동은 지방을 분해시키는 최고의 운동이라고 할 수 있다. 체지방 1kg을 연소시키기 위해서는 약 9,000kcal의 칼로리가 소비되어야 하는데 파워워킹을 1시간 동안 해서 300kcal를 소비시킨다고 할 때 30일에 해당하는 운동량이다. 만약 매일 1시간씩 꾸준히 노르딕워킹을 한다면 9,000kcal는 15일 만에 소비시킬 수 있다.

따라서 중요한 것은 유산소 운동을 오래 동안 지속하는 것이 중요한데 이때 도움이 되는 것이 바로 근육이다. 결국 성공적인 체중감량을 보장해 주는 유산소 운동의 효율성을 결정짓는 것 중의 하나가 바로 근육이다.

이것이 체중감량을 원하는 사람들이 노르딕워킹을 하면서 근육량을 지켜야 하는 이유다.

5. 체중감량을 돕는 유익한 정보들

노르딕워킹은 일반 걷기운동에 비해 시간당 소비칼로리가 1.5~2배 정도 높기 때문에 체중감량에 효과적인 운동이다. 노르딕워킹의 효과를 더 높여 줄 수 있는 정보들을 소개한다(박평문, 이규승, 2017).

첫째, 지방 태우는 용광로를 대용량으로 만들자. 생명 유지를 위한 기본은 혈액순환, 호흡, 체온유지, 뇌 활동, 면역 등이다. 이러한 활동에 직간접적으로 관여하는 것이 바로 근육이다.

근육은 생명 자체라고 할 수 있다. 중력을 이겨내고 자유로운 활동을 가능하게 하고 우리 몸 구석구석까지 산소와 영양분을 담은 혈액 보따리를 보내주고 돌아오는 길에는 몸에 쌓여 있는 노폐물을 갖고 와서 몸 밖으로 빼내 주는 역할도 한다. 근육은 선하고 착하다.

야생에서 살아온 인류에게는 영양분을 비축해 두려는 DNA가 남아 있다. 그래서 지금 당장 사용할 필요가 없는 여분의 영양분은 지방의 형태로 저장 창고에 비축해 둔다.

사람마다 적정량을 넘게 되면 오히려 부작용을 초래하기 시작한다. 비만합병증이다. 고혈압, 당뇨, 고지혈 증세가 시작되고 동맥경화 등 각종 혈관질환의 원인이 된다.

적정량 이상의 지방은 몸 밖으로 배출시켜야 한다. 굶주림에 살아남기 위해서 쌓아 둔 지방이 생명을 위협하는 무기로 돌변한다. 그래서 여분의 지방을 버려야 한다. 지방은 물과 이산화탄소로 모양새를 바꿔서 빠져 나간다.

지방을 물과 이산화탄소로 바꾸기 위해서는 몸의 열기로 태워야 한다. 체온을 높이는 방법은 다양하지만 심부온도가 상승하면서 그 체열로 지방을 태워야 한다. 우리가 찜질방에 가면 체온이 상승한다. 하지만 이 경우는 외부 기온이 높아서 체온이 상승하는 것이다. 체내 지방을 빼내기 위해서는 피부온도가 오르기 전에 심부온도를 먼저 올려야 한다.

그런데 심부온도가 지나치게 높아지면 면역시스템이 고장난다. 그래서 체열을 낮추기 위해서 혈액을 피부혈관쪽으로 보내게 된다. 피부혈관이 압력을 받으면서 땀 구멍을 압박한다. 모공이 열리고 땀이 배출된다. 이때 흐르는 땀은 지방이다.

둘째, 젖산을 제거하자.
운동이나 신체활동을 많이 한 날은 근육과 혈관내에 피로물질이 쌓인다. 이렇게 쌓인 피로물질을 젖산이라고 한다.

젖산을 제거하는 능력은 사람마다 다르다. 더 이상 제거하지 못하고 쌓이는 양이 초과하면 수축-이완을 반복하던 근육의 움직임은 멈춘다. 움직임의 주동근에 쥐가 난다. 쥐가 나는 증세는 너무 무리하지 말고 "이제 그만 쉬라"는 싸인이다.

젖산은 적극적으로 제거해야 한다. 그래야 다음날 활동에 지장이 없다. 젖산 제거는 족욕, 심호흡, 수분 보충이 도움된다.

셋째, 체중감량 정체기에 지혜롭게 대응하자.
운동과 함께 시작한 다이어트는 2~3개월 동안 조금씩 서서히 효과를 본다. 그러다가 어느 시점에 도달하면 체중이 더 이상 빠지지 않는 정체기를 맞이하게 된다. 이 시기에 많은 사람은 더 이상 운동이 효과 없다고 생각하고 포기한다.

지혜롭게 극복하는 방법은 의외로 간단하다. 운동은 계속하면서 미네랄 균형에 신경 쓰면 된다. 일시적인 정체기는 미네랄 균형이 깨졌기 때문이다. 우리 몸의 심장박동은 나트륨과 칼륨에 의해 이루어진다.

체중이 감량되면서 나트륨과 칼륨의 양도 감소되는데 감소량이 역치 수준을 넘으면 심장근육의 움직임은 멈추게 된다. 이것이 심장마비다. 다이어트를 뜻하는 영단어 Diet에서 t를 빼면 Die만 남는다. t나는 다이어트는 심장마비를 부른다.

넷째, 하루 주기의 바이오리듬을 유지하자.
바이오리듬은 교감신경과 부교감신경의 균형을 유지하는 것이 핵심이다. 다이어트 상황에서 살을 빼는 것보다 더 중요한 것은 면역력을 유지하는 것이다.

바이오리듬 유지를 위해서는 부교감신경의 정상적인 활동이 중요하다. 부교감신경은 심신이완 상태를 만들어 주고 이런 상태를 유지하기 위한 호르몬을 분비시키는 역할을 한다.

부교감신경은 주로 야간에 작동한다. 부교감신경을 작동시키는 가장 쉬운 방법이 밤에 잠자는 것이다. 숙면할수록 좋다. 밤이 깊었지만 말똥말똥 눈을 뜨고 있으면 교감신경이 계속해서 우리 몸을 지배하고 부교감신경은 여전히 긴장하면서 대기만 하게 된다.

이 상태가 반복되고 지속되면 바이오리듬이 깨지고 면역력이 떨어진다. 면역력이 안정상태를 유지해야만 지방도 연소 된다. 숙면은 체중감량에 도움 된다. 운동도 하고 음식 섭취량도 조절하는데 체중감량이 원활하지 않은 사람은 자신의 수면 습관을 살펴보자.

6. 돌아서면 배가 고프다. 왜 이럴까?

방금 밥을 먹었는데도 돌아서면 배고픔을 느끼는 경우가 있다. 이렇게 자주 먹다보면 과체중에 비만은 시간 문제다. 이처럼 식후 얼마 지나지 않아 다시 배고픔을 느끼는 것은 아래 4가지가 원인이 될 수 있다(이윤관 등, 2022).

첫째, 수분 부족이다.
목마름을 배고픔으로 착각해 허기를 느낄 수 있다. 특히 체내 수분이 1~2% 정도 부족한 상태가 수개월간 지속된 만성 탈수증이 있으면 몸이 수분 부족 상태에 적응해 목이 마를 때도 뇌가 배고픔 신호를 보내게 된다.

만성탈수증은 하루 물 권장 섭취량인 1.6~2L보다 물을 적게 마시고, 카페인이 함유된 커피나 차와 같은 음료를 자주 마셔 체내 수분이 부족한 경우에 잘 생긴다. 몸에 수분이 부족하면 영양소가 몸에 잘 흡수되지 않아 음식 섭취에 대한 욕구가 생기기도 한다.

둘째, 수면 부족이다.

잠을 적게 자도 배가 고플 수 있다. 수면은 식욕을 조절하는 호르몬인 '렙틴'과 '그렐린' 분비에 영향을 준다. 잠이 부족하면 식욕을 촉진하고 배고픔을 증가시키는 그렐린이 증가하고, 식욕을 억제하면서 에너지 소비를 높이는 렙틴이 감소하게 된다.

실제로 수면시간이 하루에 6시간 미만일 경우, 그렐린이 많이 분비되고 렙틴은 줄어들었다는 미국 펜실베니아주립대 연구 결과가 있다.

셋째, 성욕이다.
우리 뇌에는 신체의 중앙지휘 본부라 할 수 있는 시상하부가 있다. 이 시상하부는 체온과 신진대사, 성욕을 조절한다. 뇌의 중심에 위치하여 음식, 갈증, 성욕 등 욕망과 관련된 모든 행동을 조절하는 일을 한다. 우리에게 욕망의 신호를 보내는 것은 손끝이나 혀와 같은 부위가 아닌 뇌다. 이 시상하부에는 식욕을 통제하는 포만중추가 있다. 이 포만중추는 두 개의 화학물질에 의해 조절되고 있다.

성욕이 해소되지 않아도 배가 고플 수 있다. 뇌의 시상하부에는 식욕과 성욕 등 인간의 욕망을 관장하는 '포만중추'가 있다. 포만중추는 식욕을 억제하고 포만감을 느끼게 하는 화학물질인 CART와 식욕을 불러일으키는 NPY로 조절된다.

CART는 식욕을 누르고 포만감이 생기게 하는 화학물질. 신진대사를 촉진시키고 식욕을 억제, 인슐린 분비를 증가시킴으로써 에너지가 지방으로 축적되지 않도록 해 준다. NPY는 CART와 정반대역할인 식욕을 촉진하는 화학물질을 분비한다.

두 물질 중 더 많이 분비되는 쪽이 포만중추에 영향을 미치게 된다. 성욕이 채워지지 않으면 NPY가 포만중추를 휘두르게 돼, 몸에 배고프다는 신호가 가는 것이다.

넷째, 스트레스다.
스트레스를 받으면 코티졸이 과도하게 분비되는데, 식욕을 억제하는 렙틴과 식욕을 높이는 그렐린의 균형이 깨져서 배고픔을 느끼게 된다. 코티졸은 렙틴의 기능을 떨어뜨려 몸속 세포들이 렙틴에 잘 반응하지 않게 한다.

6장 출처 : 박평문, 이규승(2017). 장수는 위험하다. 대전 : 도서출판 브레이커.
이윤관, 김알찬, 김영주, 박정화, 이중열(2022). 새로 쓴 스포츠의학. 서울 : 대경북스.
쓰보타 가즈오(2014). 하루 6시간 앉아 있는 사람은 일찍 죽는다. 매일경제신문사

7장
스포츠의학자도 반해버린 노르딕워킹

노르딕워킹은 단순한 걷기가 아니다.
인체 모든 근육과 관절이 조화롭게 움직이면서
자연과 소통하고 내 몸과 소통하는 무대공연이다.

노르딕워킹을 만난 오늘,
당신은 당신 걸음의 진정한 주인공이
될 것이다.

1. 심뇌혈관질환 예방 효과

인체의 혈액순환은 폐순환과 온몸을 순환하는 체순환으로 나뉘어져 순환한다. 기본적으로는 전신으로 영양소와 산소를 공급하고 이산화탄소와 노폐물을 제거하는 기능을 한다.

- 폐순환: 우심실→폐동맥→폐의 모세혈관→폐정맥→좌심방
- 체순환: 좌심실→대동맥→온몸의 모세혈관→대정맥→우심방

폐순환은 이산화탄소와 노폐물이 많은 정맥혈이 우심방과 우심실로 들어와 폐의 모세혈관상에서 기체교환을 통해 산소와 영양분을 공급받아 좌심방 좌심실로 들어오는 혈액의 흐름이다.

체순환은 산소와 영양분이 풍부한 동맥혈이 좌심실에서 방출된다. 이때 혈관에 발생하는 동맥혈의 압력을 혈압이라 하는데, 혈압이 평상시보다 낮다는 것은 전신 조직으로 제공할 산소와 영양분이 충분하지 않다는 것을 의미한다.

대동맥에서부터 전신 기관의 모세혈관상에서 가스교환을 통해 산소를 공급하고 이산화탄소와 노폐물을 받아 대정맥을 통해 다시 우심실과

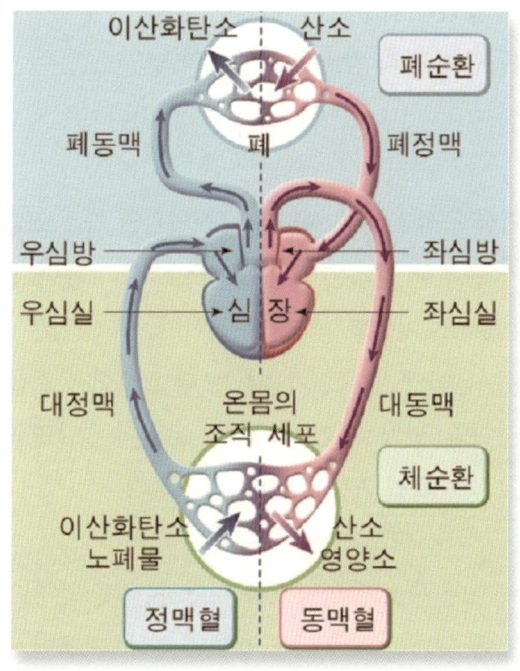

체순환 · 폐순환 경로

우심방의 심장으로 회귀하는 흐름을 체순환이라 한다.

심장은 우심방, 우심실, 좌심방, 좌심실의 네 개의 공간으로 구성되어 있다. 심장의 오른쪽은 산소를 모두 소비시킨 상태의 탈산소화된 혈액을 공급받아서 폐동맥으로 보내고 폐동맥에서 신선한 산소를 다시 포집하고 이산화탄소는 배출시킨다.

혈압은 고혈압의 병증 때문에 나쁘게만 인식되어 있다. 하지만 혈액을 전신의 세포로 보내기 위해서는 필요하다. 심장이 뛰면 동맥을 통해 혈액을 밀어내는 압력이 급증한다. 높아진 압력은 혈액이 동맥과 모세혈관을 통해 이동함에 따라 감소하여 가스와 영양소를 주변 조직과 교환한다.

혈액순환의 핵심 구성요소 중 하나는 모세혈관의 가스 교환이다. 폐에서 나오는 산소가 풍부한 혈액은 모세혈관으로 흘러 들어가 주변 조직으로 산소를 방출하고 이산화탄소를 포집한다. 이 과정은 가스교환으로 알려져 있으며, 신체가 제대로 기능하는 데 필요한 산소를 제공 받는데 필수적인 과정이다. 만약, 이러한 가스의 교환이 없다면 세포들은 에너지를 생산하고 정상적인 기능을 수행할 수 없다.

혈액순환은 세포에 산소와 영양소를 전달하는 것 외에도 체내 노폐물과 이산화탄소를 제거하는 중요한 역할도 한다. 혈액이 정맥을 통과하면서 세포에서 노폐물을 집어 들고 간과 신장으로 운반해 혈액에서 걸러져 몸 밖으로 배출된다. 이 과정은 체내 유해 물질의 축적을 방지하는 역할을 한다.

혈액순환은 복잡하고 매혹적인 과정으로 인체의 건강과 기능을 유지하는 데 필수적이다. 심장의 펌핑에서 모세혈관의 가스교환에 이르기까지 혈액 순환의 모든 단계는 체내 모든 세포를 생존시키고 제대로 기능하도록 하는 데 중요한 역할을 한다. 혈액순환의 원리를 이해할수록 생명과 건강을 유지하는 복잡한 체계에 대해 감사함을 느낄 수 있다.

중력은 혈액을 발끝으로 보낸다. 이에 반해 혈압은 혈액을 심장으로 돌려보내기 위해서 충분히 높아야 하지만 무한정 높아지면 혈관이 터지고 출혈이 발생하기 때문에 적정수준으로 유지해야 한다.

혈압이 낮으면 심장으로 올라가는 혈액이 아래로 다시 역류하게 되는데 역류를 막기 위해서 정맥에는 작은 판막이 있다.

발끝의 혈액을 심장으로 올려보내기에는 혈관내 압력과 정맥의 판막만으로는 부족하다. 강력한 펌핑 기능이 필요하다. 펌핑은 장단지 근육이 큰 역할을 한다. 장단지 근육의 생김새가 심장을 뒤집어 놓은 모양인데 제2의 심장 역할을 하는 것을 나타내는 것이다. 장단지 근육은 한 걸음 한 걸음 걸을 때마다 한번씩 펌프질을 한다. 5천보를 걸으면 5천번의 펌핑을 하는 것이다.

노르딕워킹은 일반 걷기보다 보폭이 넓고 지면반력이 강하기 때문에 혈액 펌핑에 동원되는 근육이 많고 근육량도 늘어나는 효과가 있다. 이러한 이유로 일반 걷기에 비해서 체내 순환하는 분당 혈액량이 많아진다.

2. 혈액순환 개선 효과

다리와 발끝까지 내려온 혈액을 심장으로 되돌려 보내는 정맥환류 기능을 개선하기 위해 할 수 있는 10가지 방법을 소개한다.

1) 걷기운동
아주 오랜 시간 동안 할 수 있기 때문에 환상적인 운동이다. 기본적으로 몇 시간 동안 수행 가능하다. 이는 혈액순환을 시도하는 수천 번의 펌핑 동작을 반복한다는 의미다.

종아리 근육은 이러한 정맥 내 판막을 밀고 혈액을 위쪽으로 밀어 올리는 것은 매우 강력한 압력을 만들어 낼 수 있다. 이것이 걷기의 진정한 가치다. 예를 들어 한 시간 동안 5천 보 정도 걷는다는 것은 장단지 근육의 펌프질에 의해 혈액순환이 5천번 했다는 것을 의미한다.

2) 뒷꿈치 들기(카프라이즈)
발뒤꿈치를 들어 올리면 종아리 근육은 걸을 때보다 훨씬 더 강하게 수축됨으로 펌핑 동작에 더 많은 힘을 얻게 된다. 하지만 걷기처럼 5천회를 반복할 수는 없기에 한계가 있다. 이것은 저항 훈련의 한 형태로 수행하여 근육량과 근력을 향상시키는데 도움되며 장기적으로는 혈액순환에 도움되는 운동이다.

두 발로 할 수 있고 익숙해지면 한 발로도 할 수도 있다. 장단지 근육의 스트레칭 효과를 동시에 보고자 한다면 나무판을 놓고 그 위에서 할 수도 있다. 발가락을 나무판 위에 올려놓으면 더 많은 가동성을 얻을 수 있다.

3) 스쿼트

스쿼트는 장비를 사용할 필요가 없고 몸만 사용하면 된다. 주의해야 할 점은 부상을 입지 않도록 자세를 정확하게 잡는 것이다. 핵심은 발 전체를 땅에 붙이고 발 앞쪽보다 발뒤꿈치에 약간 더 많은 무게를 두는 것이다.

많은 사람은 발이 너무 뻣뻣하다고 느껴서 앞쪽에 더 많은 무게를 싣는다. 이렇게 하면 무릎을 다칠 수 있다. 정확한 동작이 등을 곧게 유지한다고 해서 몸을 앞으로 기울일 수 없다는 의미는 아니다. 앞으로 조금 기울여도 괜찮다. 엉덩이를 뒤로 내밀고 체중은 발 앞부분보다 발뒤꿈치에 더 싣는다.

4) 자전거 타기

자건거 타기도 오랫동안 유지할 수 있고 수천 번 반복할 수 있으며 걷기와 마찬가지로 발을 길게 뻗을 수 있습니다. 종아리를 펌핑하면 둔근과 대퇴사두근도 자극하게 되어 다리 전체에 많은 혈액 순환이 이루어지게 된다. 물론 이것은 고정식 자전거로 할 수도 있고 야외 활동이 가능하다면 밖에서 타는 것도 좋다.

5) 스트레칭

혈액순환 개선을 위한 스트레칭은 종아리 뒤쪽과 무릎 뒤쪽, 햄스트링을 늘리는 것이기 때문에 서서 할 수도 있다.

발가락을 몸쪽으로 당긴 상태에서 상체를 숙이거나 다리를 무언가 위에 올려놓고 상체를 앞으로 기울이면서 무릎을 곧게 펴는 것이 좋다. 가끔 스트레칭하면서 부상을 당하는 경우도 있다. 우리가 평소에 반드시 지켜야 하는 스트레칭시 주의 사항은 다음과 같다.

첫째, 스트레칭을 하는 타겟 근육이 약간 당긴다는 느낌이 들 때까지 늘린다.
둘째, 모든 동작은 반동을 주지 말고 최대한 늘린 상태에서 10초간 유지한다.
셋째, 호흡은 평소와 같이 자연스럽게 유지한다.

맨몸 스트레칭

한국걷기노르딕워킹협회

다음장에 소개하는 스트레칭 동작을 따라 하면서 전신의 근육 유연성과 관절 가동성을 개선시켜 보자.

❶ 한 손으로 반대쪽 귀 위쪽을 감싸고 머리를 당긴다.
(좌/우)

❷ 깍지 낀 양손으로 가볍게 목을 당기면서 상체를 숙인다.

❸ 깍지 낀 엄지손가락으로 턱을 밀어 올려 목의 앞 부위를 늘린다.

❹ 목과 어깨의 힘을 빼고 가볍게 목을 돌린다.

❺ 한 팔을 쭉 펴고 반대 팔로 당긴다.
머리는 반대쪽으로 돌린다.
(좌/우)

❻ 깍지 낀 손바닥을 뒤집어서 위로
향하게 하고 팔은 최대한 늘려 준다.

❼ 한 팔을 머리 뒤로 구부려 반대쪽
팔꿈치를 잡고 천천히 눌러준다.
(좌/우)

❽ 한손은 머리 위에서 둥글게, 반대쪽은 배꼽
아래에서 둥글게 받친 상태에서 몸을 옆으로
넘겨준다(좌/우).

❾ 깍지 낀 팔과 함께 상체를 숙인다.
　 턱을 들어서 머리를 심장보다 높게 한다.

❿ 양손으로 무릎을 바깥으로 밀어 주면서 몸통을 비틀어 준다.
(좌, 우)

⓫ 무릎을 접어서 한 손으로 발끝을 잡고 뒤로 당겨준다(좌/우).

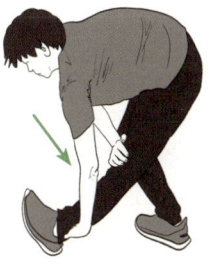
⓬ 무릎을 편 쪽의 손으로 아킬레스건을 잡고 반대쪽 손으로 무릎을 지긋이 눌러 준다(좌/우).

⓭ 목과 어깨의 힘을 빼고 상체를 뒤로 젖힌다.

⓮ 상체를 곧게 세우고 런지 자세를 취해서 10초간 유지한다(좌/우).

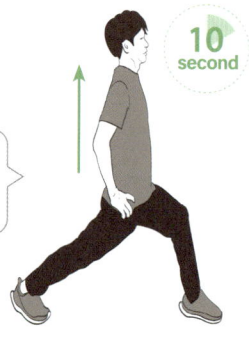

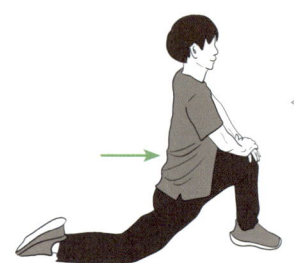

⓯ 한쪽 무릎을 바닥에 대고 반대쪽무릎은 직각으로 세우고 허리를 앞으로 천천히 밀어준다. 뒷쪽 발등을 바닥에 닿게 한다(좌, 우).

⓰ 무릎을 꿇고 등과 허리를 최대한 둥글게 말아준다. 이 상태에서 몸을 천천히 앞뒤로 이동시키면서 스트레칭 한다.

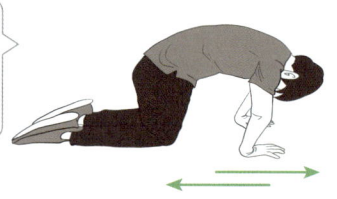

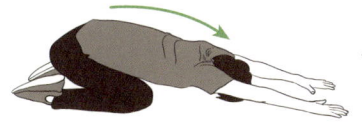

⑰ 무릎을 꿇고 양팔을 앞으로 뻗은 상태에서 숨을 내쉬면서 상체를 숙인다.

④ 무릎을 꿇고 손은 겹친 상태에서 숨을 내쉬면서 몸을 사선으로 비틀어 준다.

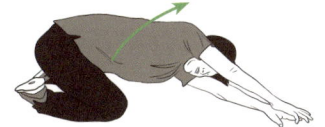

6) 폼롤러

폼롤러는 너무 딱딱하지 않은 것이 좋다. 지나치게 많이 밀지 말고 가동 범위를 적절하게 조절한다. 폼롤러는 혈액 순환 뿐만아니라 림프액의 순환에도 도움 된다. 몸에 나타나는 부종을 완화하는 효과도 있기 때문에 몸의 전체적인 체액 순환에 유용한 운동이다.

7) 발목 펌프

중력에 의해 혈액이 제대로 돌아가지 않으면 고이게 된다. 이 상태에서 시간이 지남에 따라 혈액이 누출되어 부종으로 이어진다. 부종은 피부가 부풀어 오르는 것처럼 보이며 종종 그것을 함요 부종이라고 부른다. 부종도 혈액순환을 방해한다. 발목펌프는 부종을 완화하는데도 좋은 운동이다. 앉아서 하기도 하고 누워서 할 수도 있다.

등을 대고 누워 있으면 중력이 그다지 작용하지 않고 발만 살짝 올리면 된다. 발이 심장보다 약간 높으면 실제로 중력 보조기능을 한다. 중력은 당신에게 불리하게 작용하지 않지만 이제 발이 더 높아져서 중력이 혈액을 심장으로 되돌려 보낸다.

8) 압박 스타킹

부종과 혈액순환 개선에 도움 되는 또 다른 것은 압박 스타킹이다. 혈압은 본질적으로 주변 조직보다 혈액 내부의 압력이 더 높다는 것을 의미한다.

압력을 가하면 누출되는 경향이 있지만 압박 스타킹을 사용하면 외부 장벽을 추가하는 것이므로 외부에서 함께 밀어내므로 혈액이나 체액이 누출되는 정도가 감소한다.

또한 충분한 압력을 가하면 림프관의 림프 배수를 도와 림프관을 혈관계로 되돌릴 수 있다. 압박 스타킹을 사용한 상태에서 다리의 높이를 높이면 추가적으로 중력 보조장치 역할도 하기 때문에 혈액순환 효과는 배가 될 수 있다.

9) 제2형 당뇨병 관리

비만은 인슐린 저항성과 제2형 당뇨병으로 인해 발생하며 인슐린 저항성이 있으면 혈당이 상승하고 인슐린 수치가 높아지고 고혈압이 발생하며 이러한 것들이 혈액순환을 방해하는 실제적인 원인이 된다.

제2형 당뇨병은 조직으로의 체액 누출을 증가시킬 수 있으며 고혈당이 새어 나오는 증상을 보인다. 혈액 내 혈당 수치가 높아지고 혈당이 결합하여 체액을 끌어들이게 된다. 그러면 약간의 부기가 생기고 혈액순환이 방해받는다.

10) 호흡 운동

세동맥의 벽에는 근육이 내장되어 있어 혈관의 내강을 조이고 좁히기 때문에 혈관이 수축한다. 이렇게 혈관 수축을 유발하는 것을 스트레스라고 부른다.

스트레스에는 두 가지 유형이 있다. 하나는 급성이고 단기간에 빠르게 발생하며 일반적으로 매우 강렬하지만 오래 지속되지 않으므로 운동이 될 수 있다. 예를 들어 호랑이에게서 도망칠 수 있는데 이제 심장이 점점 더 강하게 펌프질하고 심장이 훨씬 더 세게 쥐어짜게 되어 혈압이 증가하고 혈관 수축이 일어나게 된다.

혈관 긴장도가 증가하여 혈관이 좁아지고 심장이 훨씬 더 세게 밀고 있어 혈류속도와 순환도 증가하므로 근육 긴장도 증가를 극복할 수 있다. 이것이 바로 우리가 혈액 순환을 개선시키는 방법이고 운동을 하거나 무언가로부터 도망치기 때문에 급성 스트레스가 있을 때 필요한 것이다.

하지만 교통 체증 때문에 자동차에 오래 앉아 있거나, 직장에서 오래 앉아 있는 경우 만성스트레스를 느낄 수 있다. 이 경우 전반적으로 기분이 좋지 않지만 신체활동은 증가하지 않는다. 이때 심장은 운동할 때처럼 심박수, 혈류속도, 혈류량은 증가하지 않을 것이다.

하지만 스트레스 때문에 여전히 혈관수축은 증가할 것이다. 이처럼 만성적으로 혈관수축력을 높은 상태로 유지하면 혈관이 빡빡해지고 혈액순환은 저하될 수 있다.

많은 사람이 겪는 문제는 만성스트레스다. 만성스트레스가 혈관수축과 혈액순환 장애에 영향을 미치는 경우 손과 발이 차가워질 가능성이 꽤 높으며 이에 대처하는 가장 좋은 방법 중 하나는 호흡 운동이다.

폐에 산소가 많을 때 심장 속도를 높이는 것이 더 합리적이다. 즉, 산소를 흡수하기 위해 심장에 혈액을 조금 더 보내는 것이 더 합리적이며, 그 반대의 경우 산소가 적으니 심장의 속도를 늦추어 자원을 낭비하지 않도록 한다.

심장이 느려지고 부교감 신경계가 활성화되어 공급이 증가하는 혈관 확장의 문제는 사람들이 이미 삶에서 많은 스트레스를 받고 있다는 증거다. 그러나 호흡을 잘못하면 상황이 악화될 수 있으므로 대부분의 사람들은 몇 초 동안 숨을 들이마시고 정말 빠르게 숨을 내쉬며 18~20번 호흡한다.

숨을 들이마시고 내쉬는 시스템에 균형을 잡을 시간을 주어야 한다. 따라서 약 5초 동안 숨을 들이 마시고, 약 5초 동안 숨을 내쉬는 것이 좋다. 이완 시스템은 스트레스 시스템의 균형을 맞출 만큼 오래 작동하지 않지만 5초 동안 숨을 가늘고 길게 내쉬는 연습을 하루에 10분 정도 훈련하면 장기적으로 혈액순환에 도움이 된다.

3. 통증 완화 효과

노르딕워킹은 전용 폴(Pole)을 이용하기 때문에 일반적인 걷기보다 어깨와 팔의 움직임이 크고 평소에 잘 사용하지 않는 근육까지 동원하는 전신 유산소운동이다. 그래서 관절과 척추 질환관련 교정 및 재활운동으로도 각광 받고 있다.

1) 족저근막염

근막은 결체조직의 일종으로 근육을 감싸고 있어 근육이 탄력을 유지할 수 있도록 도와주고, 외부에서 생기는 충격을 흡수해 근육이 손상되지 않도록 지켜주는 역할을 한다. 모든 피부와 근육 사이에 위치하여 전신에 분포하고 근육에 따라 얇기도 두껍기도 한 다양한 형태로 존재한다.

근육은 각각 따로따로 있지만 근육을 둘러싸고 있는 근막은 하나의 선처럼 다 연결되어 있어 근육들이 각각 다른 작용을 하는 순간에도, 거미줄처럼 연결된 근막을 통해 전신에 걸쳐 영향을 미친다. 때문에 특정 근육의 근막에 문제가 생기면 다른 부위의 근육에도 영향을 미칠 수도 있다.

근막은 근육의 움직임에 영향을 받는데, 오랜시간 앉아서 근무하는 사람, 특정한 움직임을 반복하는 사람, 한쪽으로 쏠리거나 뒤틀리는 바르지 못한 자세, 과사용 등으로 근육과 근막에 스트레스를 준다. 이때 스트레스를 받은 근육과 근막은 짧아지거나 늘어진 채로 경직된다.

이 같은 상태가 지속되다 보면 근섬유 위에 미세한 유착현상(매듭)이 발생하는데, 이 유착현상이 많이 생기면 그 주변으로 압통점(통증유발점; trigger point)이라는 것이 생기게 된다. 압통점은 작지만 과민한 지점으로 그 부분을 압박했을 때 다른 부위까지의 연관통을 유발하는 지점을 말한다.

이 압통점 때문에 목 주위를 눌렀는데 머리까지 아플 수 있고, 어깨를 눌렀는데 팔이나 손까지 아플 수 있고, 엉덩이를 눌렀는데 다리까지 저릴 수 있다. 이러한 부류의 통증을 "근막통증증후군"이라 부른다. 이것을 방치한다면 통증 범위가 넓어지고 만성화될 수 있다.

따라서, 엉켜있는 매듭을 풀고 변형된 길이의 근막을 원래 길이로 돌려놓는 작업이 매우 중요하다. 만약, 근막이완 없이 스트레칭만 한다면 엉켜있는 매듭을 제외한 나머지 부분만 계속 늘어나게 된다. 그래서 짧고 뻣뻣해진 부분을 찾아서 먼저 근막이완을 해준 다음 반드시 전신 스트레칭을 해야 근육의 길이를 전체적으로 늘일 수 있다.

족저근막은 발뒤꿈치에서 시작해서 5개의 가지를 내어 발가락에 붙은

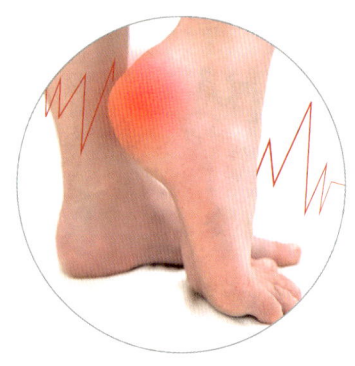

족저근막염

두꺼운 섬유 띠를 말한다. 이들은 발의 아치(foot arch)를 유지하고 달리거나 걸을 때 지면으로부터 올라오는 충격을 흡수하는 역할을 한다. 그런데 족저근막의 미세손상과 근막을 구성하는 콜라겐이 변성되고 염증이 발생하는 것을 족저근막염이라 한다. 보통의 경우 주사치료와 물리치료를 받지만 통증은 쉽게 사라지지 않는다. 그 이유는 통증이 있는 부위가 발바닥이라고 해서 발바닥 마사지를 하는 것은 근본적인 원인 치료가 안되기 때문이다.

통증은 근막이 수축해 있는 상태에서 발생한다. 발바닥의 근막은 발바닥 부위에 제한적으로 단절된 것이 아니라 발바닥부터 장단지-허벅지-엉덩이-등-어깨-목까지 전신으로 연결되어 있다. 마치 양파 껍질 안의 투명한 얇은 막처럼 하나로 연결되어 있다고 생각하면 쉽게 이해될 것이다.

족저근막염은 치료라기보다는 관리라고 표현하는 것이 더 적절한 것 같다. 전신의 스트레칭을 매일매일 하고 특히 걷기 전에는 맨몸이나 폴을 이용하여 스트레칭을 충분히 하고 통증이 없는 범위내에서 운동을 한다.

가끔 병원에서 안정을 취하라는 말을 잘못 이해하고 앉아 지내거나 누워만 지내는 사람이 있다. 이렇게 전혀 걷지 않으면 근관절의 유연성이 떨어져서 오히려 더 심하게 통증을 느끼게 된다.

2) 무릎관절염

무릎은 내측광근이 생명이다. 대퇴사두근은 내측광근, 외측광근, 대퇴직근, 중간광근으로 구성되어 있다.

내측광근은 슬개골의 동적인 안정 장치 역할을 수행한다. 이 근육은 해부학적으로 대내전의 기시를 제공하고 가동 범위 전반에서 활성화된 근긴장을 보여준다. 하지만 전방십자인대손상(acl)이나 슬개대퇴골 통증이 있는 경우에는 근피로에 대한 저항 능력이 상실되는 경향이 있다.

정상적인 경우에는 내측광근과 외측광근이 사용되는 비율이 1:1을 보이지만 문제가 생기면 외측광근의 비율이 증가하고 내측광근 사용이 줄어들게 된다. 이 비율이 중요한 이유는 내측광근보다 외측광근이 더 활성화되면 근육 불균형이 존재하고 슬개골의 외측 경사나 슬개골 이동을 비정상적으로 만들기 때문이다.

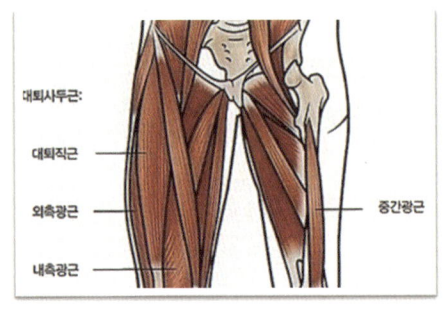
대퇴사두근

최근의 연구에는 전방십자인대 수술을 한 사람을 대상으로 관찰연구를 통해 확인한 결과, 대부분 내측광근이 약화된 것으로 나타났다. 즉, 튼튼한 무릎을 위해서는 내측광근을 강화시키는 운동이 필요하다는 뜻이다.

내측광근을 발달시키는 운동으로 스쿼트를 추천한다. 하지만 스쿼트는 슬관절과 내측광근이 약해진 상태에서는 2차 손상을 입을 수 있기 때문에 피하는 것이 좋다. 대신에 노르딕워킹을 하는 것을 추천한다.

허안식, 박재영(2020)의 연구에 의하면, 노르딕워킹은 일반걷기에 비해 내측광근의 근 활성도가 더 낮으며, 내측광근/외측광근 비율에서는 일반걷기에 비해 더 높은 결과가 나타났다고 했다. 이 결과가 의미하는 것은 노르딕워킹은 무릎에 가해지는 체중부하가 일반걷기에 비해 더 낮다는 것이다. 따라서, 노르딕워킹이 무릎 관절염을 가지고 있는 사람들에게 재활의 개념뿐만 아니라 예방적 차원으로도 활용이 가능하다.

3) 골반 기울어짐

노르딕워킹은 넓은 보폭으로 고관절의 가동 범위를 크게 하기 때문에 대퇴부의 근육뿐만 아니라 내·외복사근, 대둔근, 중둔근의 활성화가 뚜렷하게 나타난다.

골반의 움직임과 관련된 근관절이 강화되고 대칭적인 동작이 반복됨에 따라 골반의 좌우 높이가 맞춰지는 효과가 있다.

4) 라운드숄더, 척추측만

등을 펴고 상체를 곧게 세운 바로서기 자세에서 폴을 뒤로 뻗는 동작을 반복하기 때문에 라운드숄더는 자연스럽게 개선된다. 또한 좌/우 팔을 대칭으로 움직이는 동작이기 때문에 척추가 한쪽으로 기울어지는 척추측만을 예방하는 효과도 있다.

4. 우울과 스트레스 완화 효과

행복감은 정서적 측면과 함께 자신의 삶에 대한 전반적인 만족감을 평가하는 인지적 측면으로 구성된다(하옥진 등, 2017). 따라서 스스로 자신이 건강하다는 생각은 삶의 전반적인 만족도를 높임과 동시에 행복감을 증진시키는 매우 중요한 요인으로 볼 수 있다.

건강 상태가 '매우 안 좋은', '안 좋은', '보통' 세 집단 모두가 늙어감에 대한 행복감 수준이 '건강한' 집단보다 낮게 나타난 결과에 대해 관심을 가질 필요가 있다. 일반적으로 여가스포츠 참여에 따른 행복감은 참여 시간이 많을수록 정서적 행복감에 긍정적인 영향을 미친다.

노인숙, 송미승(2022)도 노인의 노르딕 걷기운동 참여가 늙어감에 대한 행복감에 미치는 영향을 연구한 결과, 참여 빈도가 높을수록 행복감 수준도 올라간다고 했고, 허안식 등(2023)은 노르딕워킹이 통증과 우울증을 관리하는 데 있어 자기 효능감을 향상시키는 긍정적인 효과를 보인다고 했다.

노르딕워킹은 일상적인 생활공간을 벗어나 숲이나 해안처럼 야외로 나가서 하게 된다. 자연환경에 노출되는 것만으로도 해방감과 심리적 안정을 얻을 수 있다. 이것은 숲속 나무에서 뿜어내는 피톤치드와 음이온, 땅에서 뿜어내는 지오스민과 같은 휘발성 물질이 부교감신경을 자극하여 자율신경의 균형을 이루어 정서적 안정감을 느끼게 한다.

최근에는 해변에서도 노르딕워킹을 즐기는 사람을 자주 본다. 대표적인 곳이 부산 다대포해수욕장, 영덕 고래불해수욕장, 포항 영일대해수욕, 남해 상주해수욕장, 서해안의 태안, 완도 일대에서도 아쿠아 노르딕워킹을 즐기기에는 인프라가 잘 구비되어 있다.

살면서 받게 되는 스트레스를 날려버릴 수 있는 자신만의 비법은 하나씩 가지고 있어야 한다. 정적인 것보다는 활동적인 것을 추천드리고 싶다.

특히 땀을 흘릴 정도의 신체활동이라면 더욱 좋다. 피부에 땀이 흐르면 우리 몸 속에는 세로토닌, 엔돌핀같은 행복호르몬이 분비되기 때문이다. 스트레스를 느낀다면 자리에서 일어나 집 밖으로 나가자. 동네라도 천천히 한바퀴 걸어보자.

5. 항암 효과

허안식 등(2024)은 주1회 12주간 노르딕워킹과 매트필라테스의 복합운동이 암 생존자의 혈압, 고유수용성능력, 체력, 삶의 질, NK세포 활성도 변화에 미치는 영향을 분석한 연구결과를 발표했다.

첫째, 체중, 골격근량은 소폭 증가하고 엉덩이허리둘레비율(WHR; waist-hip ratio)은 감소했으며 이완기 혈압과 안정시 심박수는 유의하게 감소하였다.
둘째, 고유수용성 감각능력은 유의한 향상을 보이지 않았지만 최대산소섭취량은 유의하게 증가하였다.
셋째, 1회 발휘할 수 있는 최대근력치를 나타내는 1RM은 오버헤드프레스에서 유의한 향상이 나타났고 상지 유연성이 유의하게 향상되었다.
넷째, NK 세포의 활성도 역시 소폭 증가하는 것으로 나타났다.

이처럼 노르딕워킹과 필라테스 복합운동프로그램은 암 생존자들의 혈압, 고유수용성 능력, 체력과 NK세포 활성도에 긍정적인 영향을 미치는 것으로 밝혀졌다.

우리나라 사망원인의 1위를 차지하는 암은 수술 장비의 발달과 수술을 하는 의사들의 수술 또한 세계적으로 인정받고 있다. 이런 배경으로 수술 후 암 생존자의 숫자도 늘어나고 있다. 다만 우려되는 것은 암 생존자들은 꾸준하게 체력과 건강관리를 해야 하는데 혼자서 감당하는 것이 쉽지 않다.

수술 후 건강관리에 실패한다면 암이 재발되거나 전이되어 재수술-재입원하게 된다. 사회적인 의료비용은 증가되고 환자 본인의 삶의 질도 떨어지게 된다.

암 환자에 대한 노르딕워킹의 건강유지증진 효능은 이미 많은 논문으로 검증되었고, 프로그램 참가자들의 만족도 또한 높다. 우리나라는 산림과 해변이 거주지 인근에 있어 자연 속에서 노르딕워킹을 치유 활동으로 하기에는 접근성이 좋은 편이다.

따라서, 증가하는 암 생존자들의 건강관리에 관여하는 공공보건의료기관과 직접적인 헬스케어 서비스를 제공하는 공공, 민간기관에서는 숲속과 해변에서 진행하는 노르딕워킹 건강교실 운영을 고려해 볼 필요가 있다.

6. 척추 교정 효과

척추 기능은 근육의 활성도에 영향을 받는다. 근 활성도는 관절 가동범위가 클수록 높아진다.

노르딕워킹은 양손에 들고 있는 폴의 무게와 두 발과 두 팔에 의한 지면 반력 및 보폭, 뒤쪽으로 크게 펴는 팔 동작으로 인해서 일반걷기에 비해서 근 활성도가 높을 것으로 유추 가능하다. 이러한 추측에 대해서 실험연구를 통해 객관적으로 증명한 연구가 있어서 소개한다.

허안식과 박재영(2020)은 노르딕워킹이 상지 근육의 보조 역할과 무릎 관절에 미치는 체중부하가 얼마나 줄어드는지 등 재활 및 예방적 의미를 확인하기 위하여 20대 대학생 14명을 선정하여 표면 근전도를 활용하여 일반 걷기와 노르딕워킹의 근 활성도를 비교하였다.

연구 결과, 상지의 경우 전삼각근, 상완이두근, 상완삼두근, 광배근은 일반 걷기에 비해 근 활성도가 높게 나타났다. 한편, 노르딕워킹의 넓은 보폭도 척추기능 개선에 도움이 되는 것으로 알려져 있다. 노르딕워킹으로 보폭을 10cm 넓히면 좋은 점을 알아보자.

첫째, 지면을 딛는 힘의 반작용인 지면반력이 커지면서 척추기립근이 발달되고 척추 안정성이 좋아진다.

둘째, 골반과 척추를 굴곡시킬 때 동원되는 장요근이 부드러워지고 유연해져서 굽어지고 틀어진 골반과 척추를 바로 세워서 통증을 완화시킨다.

셋째, 다리를 이루고 있는 대퇴사두근, 대퇴이두근, 전경골근, 비복근을 강화시켜 무릎관절의 안정성을 높이고 통증을 감소시킨다.

보폭을 넓히는 것이 좋다면서 왜 굳이 10cm라고 얘기하는 것일까? KBS 생로병사의 비밀(2022)에서 방영된 자료를 보면 보폭을 20cm 이상 과도하게 넓힐 경우 보행속도가 떨어지고 안정성도 떨어져서 낙상할 가능성이 커진다고 하였다. 그러므로 처음부터 무리하지 말고 조금씩 꾸준하게 늘려가는 것이 필요하다.

7장 출처 : 노인숙, 송미승(2022). 노인의 노르딕걷기운동 참여가 늙어감에 대한 행복감에 미치는 영향. 다문화건강학회지, 12(2), p.35~44.

허안식, 박재영(2020). 노르딕워킹이 근 활성도에 미치는 영향. 한국체육교육학회지, 24권 4호, p.219~226.

허안식, 박재영(2023). 여성 노인의 노르딕워킹 운동 프로그램이 기초체력 및 관절기능 개선에 미치는 영향. 한국체육교육학회지. 2023-08 28(3):127-137

허안식, 이보라, 리징, 판전웨이, 이중철(2023). 12주 노르딕워킹과 매트필라테스의 복합운동이 암 생존자의 혈압, 고유수용성능력, 체력, 삶의 질, NK세포 활성도 변화에 미치는 영향. 한국체육무용과학회지, 3(1), p.47~58.

쓰보다 가즈오(2014). 하루 6시간 앉아 있는 사람은 일찍 죽는다. 매일경제신문사.

KBS 생로병사의 비밀제작팀(2022). 걷기만해도 병이 낫는다. 2022. 서울:비타북스.

에 필 로 그
그 걸음이
바른 걸음이면 좋겠습니다

다정하지만 힘이 실린 단호한 목소리로 들려주고 싶습니다.

"지금 안 걸으면 나중에는 못 걸어요"

우리의 걸음이 단지 이동 수단으로만 사용되고 평가 받기에는 너무나 아까운 움직임입니다.

스마트폰에 찍힌 당신의 5천보는 자발적으로 혈액순환을 5천번 주도했다는 뜻입니다.

보청기가 대신 들려주고, 돋보기가 대신 보여주고,
수액이 대신 먹여 주지만 혈액순환은 당신 스스로 해결해야 합니다.
오늘처럼 단지 걷기만 하면 됩니다. 그런데...

그 걸음이 바른 걸음이면 좋겠습니다.

저는 당신이 이 책을 꼼꼼히 읽어야 하는 이유를 찾았습니다. 저기서부터 걸어오는 당신의 걸음을 유심히 지켜봤습니다.

바꾸세요! 바꾸면 좋겠습니다!
걷기 자세를 바꾸면 당신의 내일이 행복 가득한
하루로 바뀔 겁니다.
당신의 모든 걸음을 응원하겠습니다.

참고문헌

1장. 바르게 걷기가 먼저다
임상원, 홍정심 외(2024). 인생을 바꾸는 움직임 혁명, 서울 : 아침사과.
KBS 생로병사의 비밀제작팀(2022). 걷기만 해도 병이 낫는다. 2022. 서울:비타북스.
산림청(2024). 산림치유 용어, 산림청

2장. 걸음에 날개를 달아주는 노르딕워킹
안드레아스 빌헬름, 크리스티안 노이로이터, 로지 미터마이어(2010). 김희상 역 〈노르딕워킹 테크닉〉, 서울 : 북앤월드 출판사.
Vasilis Kontis, James E Bennett, Colin D Mathers, Guangquan Li, Kyle Foreman(2017). Future life expectancy in 35 industrialised countries: projections with a Bayesian model ensemble, VOLUME 389, ISSUE 10076, P1323-1335, APRIL 01, 201 Open Access Published:February 21, 2017.DOI:https://doi.org/10.1016/S0140-6736(16)32381-9PlumX Metrics

3장. 노르딕워킹 즐기기
김성수, 김태수(2024). 8주간 도시공원과 해변에서의 노르딕워킹이 노인의 생체신호와 보행변인에 미치는 영향. 고령자 치매작업치료학회지, 18(1).
산림청(2024). 산림치유 용어, 산림청
임상원, 홍정심 외(2024). 인생을 바꾸는 움직임 혁명, 서울 : 아침사과.
프레데릭 데리비에, 마이클 건딜 저, 장덕순 역(2014). 근육운동가이드_프리웨이트, 서울 : 삼오미디어.
한국걷기노르딕워킹협회(2024). 2급 걷기노르딕워킹지도자 양성교육 연수 교재.
KBS 생로병사의 비밀 제작팀(2022). 걷기만 해도 병이 낫는다. 2022. 서울:비타북스.
클린턴 오버, 스티븐 T. 시나트라, 마틴 주커(2011). 어싱, 땅과의 접촉이 치유한다. 김연주 옮김, 서울 : 히어나우시스템.

4장. 중력, 근력, 그리고 걷기
박평문, 이규승(2017). 장수는 위험하다, 대전 : 도서출판 브레이커.
박평문(2022). 바로walking, 대전 : 도서출판 브레이커.
프레데릭 데리비에, 마이클 건딜 저, 장덕순 역(2014). 근육운동가이드_프리웨이트, 서울 : 삼오미디어.

5장. 건강을 이어주는 노르딕워킹
보건복지부(2016). 장기 요양보험 통계연보.
차성웅(2014). 노르딕워킹 프로그램이 중년 비만여성의 대사증후군 지표와 호르몬계에 미치는 영향. 한국발육발달학회지, 22(4). p.363~370.
최희연, 최윤동(2016). 노르딕워킹이 청소년의 혈중지질, 성장호르몬, IGF-1에 미치는 영향. 한국체육과학회지, 25(3), p.1217~1225.

6장. 그래서 노르딕워킹 합니다
박평문, 이규승(2017). 장수는 위험하다. 대전 : 도서출판 브레이커.
이윤관, 김알찬, 김영주, 박정화, 이중열(2022). 새로 쓴 스포츠의학. 서울 : 대경북스.
쓰보타 가즈오(2014). 하루 6시간 앉아 있는 사람은 일찍 죽는다. 매일경제신문사

7장. 스포츠의학자도 반해버린 노르딕워킹
노인숙, 송미승(2022). 노인의 노르딕걷기운동 참여가 늙어감에 대한 행복감에 미치는 영향. 다문화건강학회지, 12(2), p.35~44.
허안식, 박재영(2020). 노르딕워킹이 근 활성도에 미치는 영향. 한국체육교육학회지, 24권 4호, p.219~226.
허안식, 박재영(2023). 여성 노인의 노르딕워킹 운동 프로그램이 기초체력 및 관절기능 개선에 미치는 영향. 한국체육교육학회지. 2023-08 28(3):127-137
허안식, 이보라, 리징, 판전웨이, 이중철(2023). 12주 노르딕워킹과 매트필라테스의 복합운동이 암 생존자의 혈압, 고유수용성능력, 체력, 삶의 질, NK세포 활성도 변화에 미치는 영향, 한국체육무용과학회지, 3(1), p.47~58.
쓰보다 가즈오(2014). 하루 6시간 앉아 있는 사람은 일찍 죽는다. 매일경제신문사.
KBS 생로병사의 비밀제작팀(2022). 걷기만해도 병이 낫는다. 2022. 서울:비타북스.